仕事と人生に
効く

教養としての
紅茶
TEA

as culture for business and life.

藤枝理子

Fujieda Rico

PHP

ぉ茶大国はどこだ？
つだけの「TEA MAP」

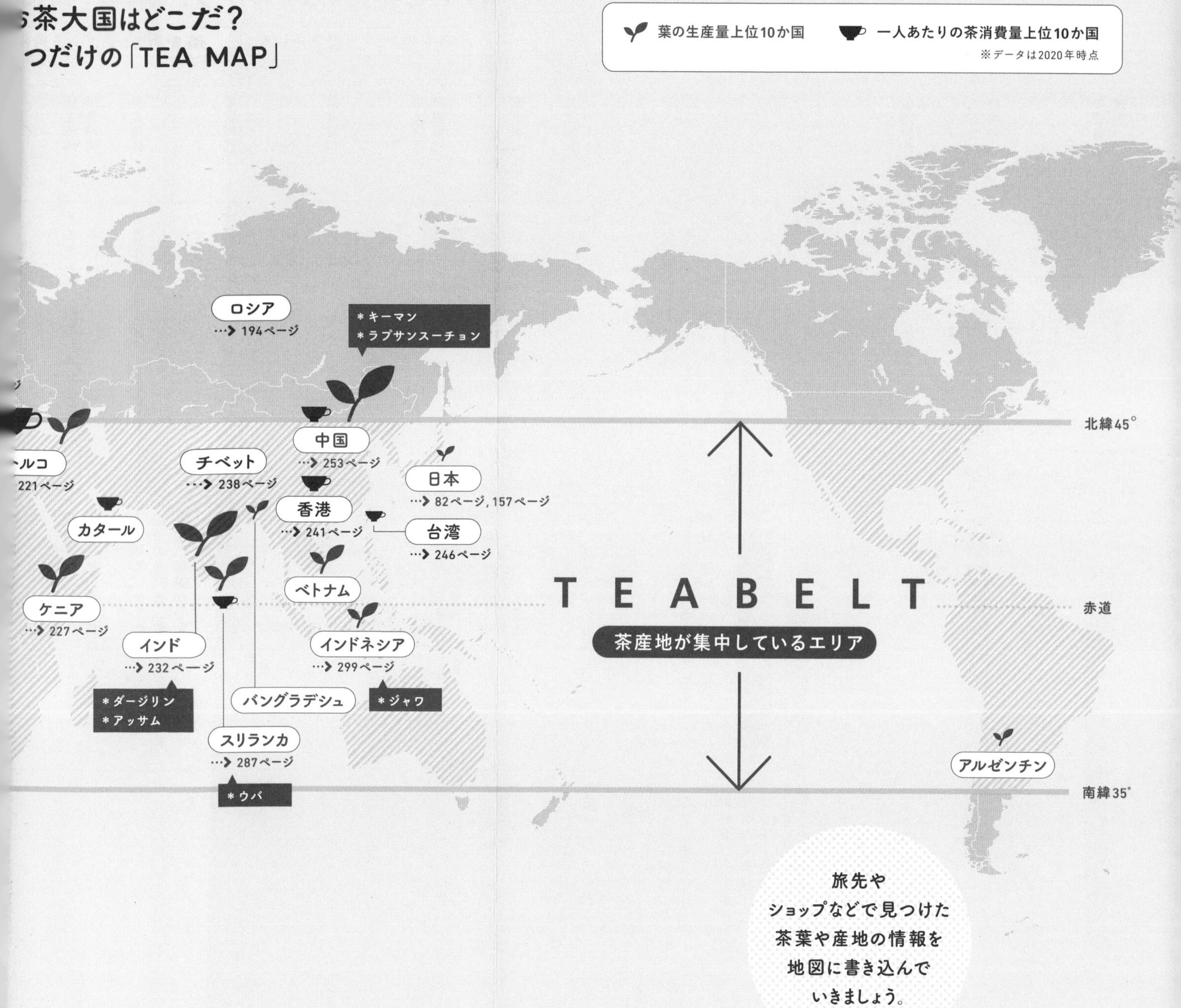

は67ページ、Chapter 4（…> 180ページ）をチェックしてにゃ！

日本史と世界史がまるわか

お茶を知ることは歴史を知ること

平安時代	▼805年、最澄らによって中国からお茶が伝わる。 ▼894年、遣唐使の廃止とともに茶文化が廃れる。
鎌倉時代	▼1191年、栄西がお茶を持ち込み、栽培が始まる。その後、『喫茶養生記』が書かれる。
南北朝時代～室町時代	▼闘茶の流行。幕府が禁止令を公布。
安土桃山時代	▼村田珠光、千利休らにより「茶の湯」が確立。 茶の湯確立
江戸時代	▼青製煎茶製法が完成、宇治茶が全国に広まる。 ▼1791年、大黒屋光太夫、エカテリーナ2世に謁見。
明治時代	▼1874年、国策として紅茶生産に乗り出す。 ▼1887年、紅茶の輸入が始まる。
大正時代～昭和時代	▼1927年、初の国産ブランド紅茶「三井紅茶」を発売 ▼1971年、紅茶輸入自由化。
平成時代～現在	▼Z世代の間で「ヌン活」がブームに。 アフタヌーンティーブーム

▼持ち運びしやすい「固形茶（団茶）」が普及する。

▼「抹茶法」が広まる。

▼茶葉貿易が盛んに。国内では洪武帝によって団茶禁止令が出される。

▼「散茶」が定着する。

▼1600年代、ヨーロッパへ茶の輸出がはじまる。

▼イギリス人の嗜好にあわせ発酵の強い茶に改良を重ねる。

紅茶の製法確立

1840年 アヘン戦争

1939－1945年 第二次世界大戦

1997年 香港返還

▼1600年、東インド会社設立。

▼コーヒーハウスの流行とともに保険会社ロイズが誕生する。

▼1662年、キャサリン妃によって喫茶の習慣が持ち込まれる。

▼1773年、ボストン茶会事件が起きる。

▼1830年代、インドで紅茶生産を開始。

東洋趣味＝シノワズリーが広まる

▼1840年代、アンナ・マリアがアフタヌーンティーを考案。

▼New Woman 運動、ティールームが増える。

アフタヌーンティーブーム

日本趣味＝ジャポニズムが広まる

▼1950年代、ティーバッグが急速に普及。

世界一の
世界にひ

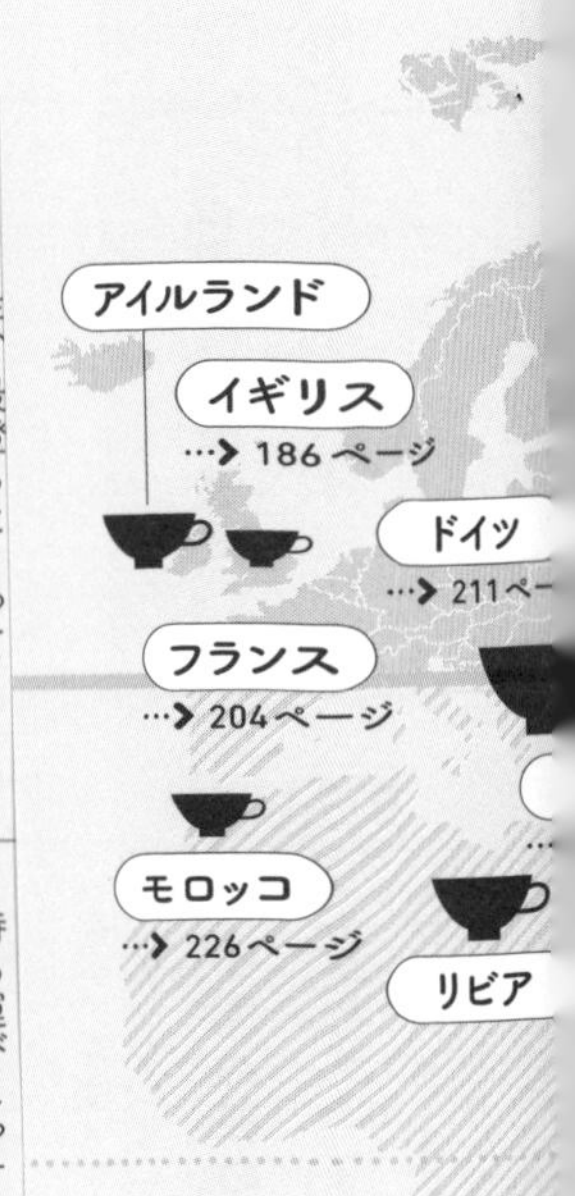

突然ですが、紅茶はお好きですか？

紅茶は女性が趣味で嗜《たしな》むものだ。

ワインに比べて歴史が浅いんじゃない？

紅茶は一年に一回飲むか飲まないか。
自分とかかわりが薄い。

コーヒーしか勝たん！

いやいや、緑茶が一番だ。

紅茶に対して、そんなイメージを抱いていませんか？
それなのに本書を開いてくださったとすれば、こんなに嬉しいこと
はありません。

紅茶は、五感で愉しむ「トータル教養」。

歴史、文化、建築、芸術、マナー……あらゆる教養を身につけることができます。

これから、紅茶の専門家、ティースペシャリストという視点から、ビジネスに、そしてあなたの人生に役立つ「教養としての紅茶」をお伝えしていきます。

世界一楽しくてためになる
紅茶の世界にようこそ。
さあ、ついて来るにゃ。

あ、お伝えし忘れていました。

「緑茶や烏龍茶は飲むけど、紅茶は飲まないよ」

というかたがいます。しかし、

「紅茶＝お茶」です。

「紅茶の木」「緑茶の木」があるわけではなく、紅茶も緑茶も烏龍茶
もティーファミリー。
同じ一本の木、一枚の葉っぱから作られています。

詳しくは54ページでご説明しますが、まずはこのイメージを頭に置いてから、次に進んでください。

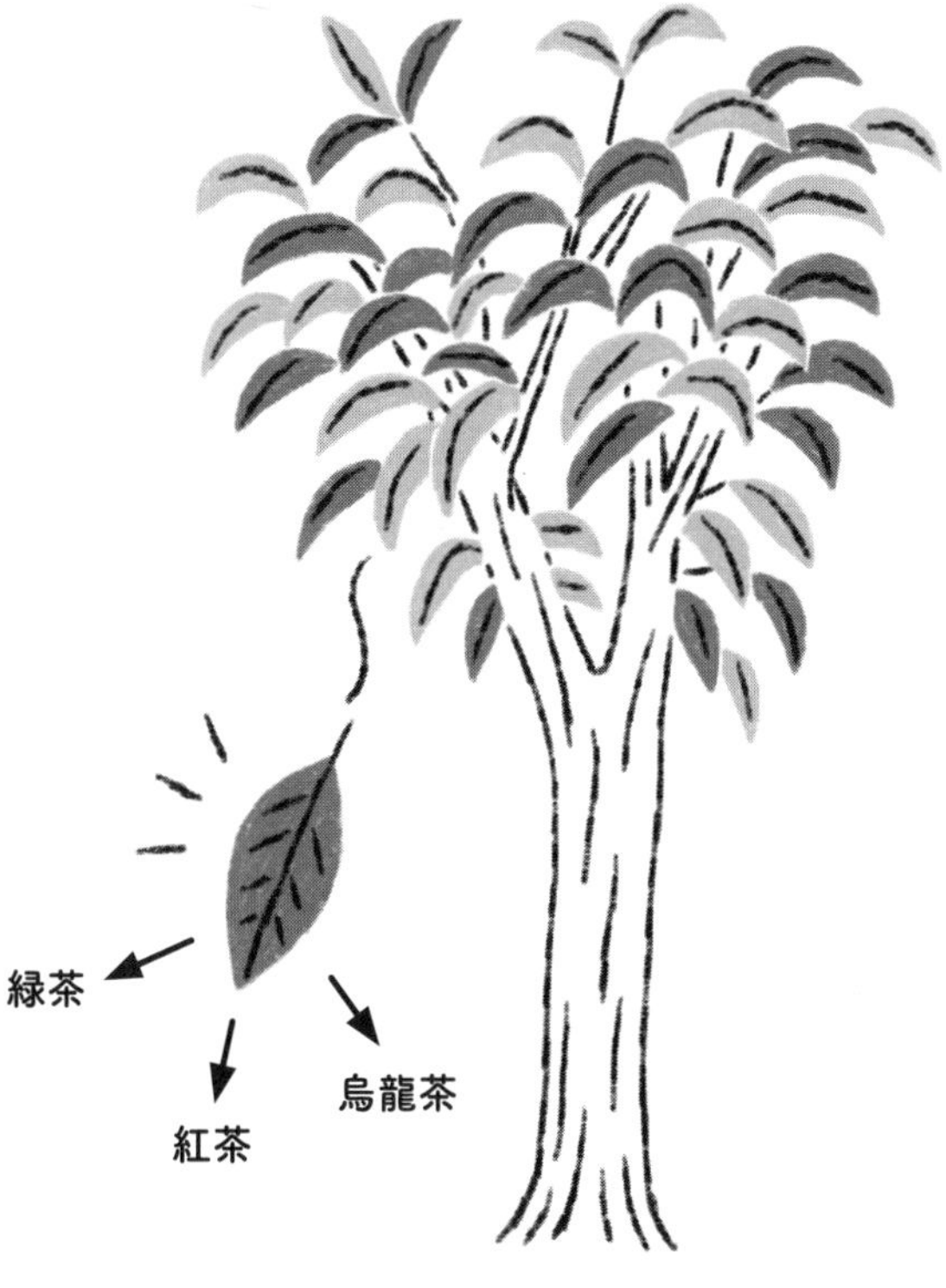

「紅茶はビジネスエリートが身につけたい総合アート」


このフレーズを聞いて、どのような印象を持たれたでしょうか。

ワインや絵画ならわかるけれど、「紅茶がなぜアートなの?」と、首を傾げたという人も多いかもしれません。


芸術＝アートとは、美術館の中で眺めて愉しむだけのものではありません。

イギリスの紅茶文化である「アフタヌーンティー（British tea ceremony）」を例に挙げましょう。

アフタヌーンティーは、まさに**五感で愉しむ「生活芸術」**です。

単に美味しい紅茶とお菓子を味わうグルメではなく、建築様式やインテリア、陶磁器や銀器、カトラリーやリネン、絵画、庭園、音楽などを、トータルで味わう「暮らしの中に息づくアート」なのです。

日本では特に女性が親しむイメージがありますが、イギリスではビジネスマンも「午後の紅茶」をスマートに嗜みます。

紅茶に限ったことではありません。

日本の伝統文化といわれる茶道をイメージしてみてください。「茶の湯（Japanese tea ceremony）」はお茶を嗜むだけではなく、建築や室礼《しつらい》、書道や華道、歴史や哲学から、禅の精神に至るまで、幅広い分野を網羅する「総合芸術」です。

日本において、茶道は古く桃山文化の時代から、武士や商人の出世に欠かせない重要な武器のひとつとされていました。

英国でも同じように、紅茶やアフタヌーンティーの知識や作法を身につけることは、紳士・淑女たちにとって**最上級の教養**のひとつとされてきたのです。

紀元前から長い歴史を受け継ぎ、世界とつながる紅茶。

ロンドンの金融シティで活躍するエグゼクティブにとっては、ティータイムが政治や社交、ビジネスの交渉の場としても用いられ、必須科目ともいわれています。

なぜなら、紅茶の背景には、国ごとに培われてきた文化、芸術、宗教、交易の歴史から、植民地抗争や独立戦争、民族や奴隷問題、政治経済情勢まで、国際人として知っておくべきグローバルな知見が網羅されているからです。

紅茶が教えてくれることは、幅広く多岐にわたります。

たとえば、紅茶は世界史にも大きな影響を与え、世界を揺るがす戦争の引き金にもなりました。昨今の香港情勢を考慮しても、紅茶が原因で勃発した英国と中国の戦争が、今もなお社会に大きな影響を与えていることがわかります。

また、イギリスやアメリカでは、紅茶は女性の自立、フェミニズムにも重要な役割を発揮し、女性開放や参政権運動へと広がり、歴史を動かしました。

それらは決して「過去の歴史」ではありません。現在は、過去の積み重ねから成り立っています。**紅茶の歴史や文化を知ることは、「現代社会を知る」ことに他ならない**のです。

世界初のグローバル企業として名を馳《は》せた東インド会社の主力商品のひとつが紅茶です。

紅茶がもとで誕生した商取引や社会経済システム、ビジネスマナーもあります。

何百年もの昔、先人たちが培い研磨してきた知恵や戦術。そこには、ネットでは検索できない沢山のヒントが隠されているのではないでしょうか。

お茶は世界共通のコミュニケーションツール

「日常茶飯事」

この言葉が表すとおり、私たち日本人にとって「お茶を飲むこと」は日常生活の中のありふれたワンシーンです。あたりまえすぎる存在ゆえに、あまり深くお茶の知識を学ぶ機会がなかったという人も多いかもしれません。

冒頭でお伝えしたとおり、**紅茶は緑茶や烏龍茶と同じ「お茶」です。**

幼少期から毎日お茶を飲む習慣がある人でさえ、**「紅茶も緑茶も烏龍茶も、同じティーファミリー」**と聞いて、「すべて違う葉っぱから作られているんじゃないの？」と驚くかたもいます。

本書を読み進めるにあたり、もう一度４ページを開き、この認識を変えてみてください。

世界中に数多く存在する嗜好飲料の中で、最も消費されているのがお茶です。

一日に飲まれるお茶の量を生産量から換算すると、日々40億杯以上が消費されている計算となります。つまり、**水の次に多く飲まれている飲料がお茶なのです。**

International TEA Committee（ITC・国際茶業委員会）によると、２０２０年世界の茶生産量は約６２０万ｔを記録し、過去最高を更新。特に、ここ10年間の伸び率を見ると50％アップ。右肩上がりに飛躍的に増えているのがわかります。

茶の主な消費国であるインドや中国の人口や高成長率を考慮すると、これから先も消費の拡大が続くと予測されています。

一方、**お茶は世界共通のコミュニケーションツール**です。

国際社会においては、宗教的、また政治的な理由からアルコールを口にできないというケースが少なくありません。また、食事を伴うおもてなしと比べると、招く側も招かれる側も敷居が下がることもあり、公式の社交や外交の場でお茶会は用いられています。

そして、昨今の若い世代のアルコール離れや、世界的な感染症の影響を受け、ニューノーマル時代のビジネスにおいても、「お酒」から「お茶」へと接待や飲みニケーションも変化しています。

私は20年以上にわたりティースペシャリストとして活動する中で、企業のビジネス研修や大学の講演会などに登壇する機会が多々あります。

10年前までは、その依頼の１００％が女性社員や女子学生に向けてのレクチャーでした。業界によっては「お茶は女性がいれるもの」という古い考えや体質が残されていたのです。

それが、ここ数年でガラリと様相が変わりました。

「お茶をビジネスツールとして導入したい」「海外赴任にあたり、駐在先の茶文化について知りたい」など、若き起業家や、大企業のミドルマネジメント、ビジネスに役立てたいという熱意あふれるビジネスパーソンが、男女問わず、教養として学びたいという声が非常に増えてきたのです。

ビジネスパーソンの軸となる「リベラルアーツ」

日本と同じようにお茶がナショナルドリンクとして暮らしに浸透し、ビジネスの場でティータイムは欠かすことができないイギリスでは、

「紅茶を一杯飲む姿を見れば、その人の品位と教養がわかる」

といわれています。

初対面の人であっても、その振る舞いやマナー、会話から瞬時にクラスを見極めら

れ、どのソサエティに属しているのか、ひいては、自分のビジネスの相手としてふさわしいのか、判断する場にもなっているわけです。

日本人の礼儀正しさは世界に誇れるものです。けれど、日本では常識とされていることも、国際社会においてはギャップが生じるケースが少なくありません。

世界は広く、様々な文化があります。そして、ティータイムの流儀も国によって様々です。日本にも「茶道」という素晴らしい伝統文化があり、「茶」と「しきたり」は深く結びついていますが、それは日本独自のスタイルです。

同じように、それぞれの国に独特の慣習があり、それら社会文化様式は尊重されるべきナショナルアイデンティティです。

そのコミュニケーションギャップを埋めるために「**プロトコール**」**と呼ばれるマナーの国際規格が存在します。**

英語が世界の共通語であるように、文化や慣習、歴史や言語が異なる国の人たちともスムーズにコミュニケーションを図り、良好な関係を築くことを目的に作られたもので、**イギリスの伝統的なパブリックスクールをはじめ、名門オックスフォードやケンブリッジ大学でも、エリートの育成には欠かせないリベラルアーツ**として位置づけられています。

このプロトコールを身につけるために、何も海外留学をしたり、高額なセミナーに通う必要はありません。**紅茶の時間を通して、愉しみながら身につけることができるからです。**

イギリスには「ナーサリーティー」という特別なティータイムがあり、紳士・淑女は幼少期から実際に紅茶を飲みながら、振る舞いやしきたりを学びます。

日本にも茶道の文化が根付いていますが、残念なことに茶道人口は年々減少を続け、ほとんどの人にとっては、触れる機会すらありません。ですから、ティータイムの流儀を知っているだけで、周囲と「差」をつけることができるのです。

国際的なマナーの習得に関しては、スキルアップが必須とされています。マナーを身につけることで、ビジネスにおける信頼関係の礎を築くことができます。

本書でも、紅茶に関する知識を紹介しながら「世界基準のマナー」をご紹介します。ぜひ紅茶の教養を通じて、ワンランク上の振る舞いや作法をマスターしていただければと思います。

教養×人間力を兼ね備えた総指揮者　バトラーに学ぶ

世界のお茶文化をリベラルアーツとして心得ることは、グローバルなニューノーマル時代を生き抜くビジネスパーソンにとって、大きな戦力になります。

――私がそれを痛感したのは、ソニー株式会社でウォークマンのビジネス戦略を担当していたときのことです。当時、ウォークマンのマーケットはまさに全世界。半期に一度様々な国のトップマネジメントたちが東京へ集結し、経営戦略会議を行います。緊張感のある会議が何日も続くのです。

そんな中、お茶はビジネスを円滑に進める役割を担っていました。初対面の際にはアイスブレイクとして「ティータイム」。会議が煮詰まってくると書類を閉じて「ティーブレイク」。私の上司は必ず相手の国のお茶を自ら用意し、ホスト役として積極的にコミュニケーションを図りに行くのです。

どんな空気であっても場を和ませ、国籍、人種、言語、文化を超えて、

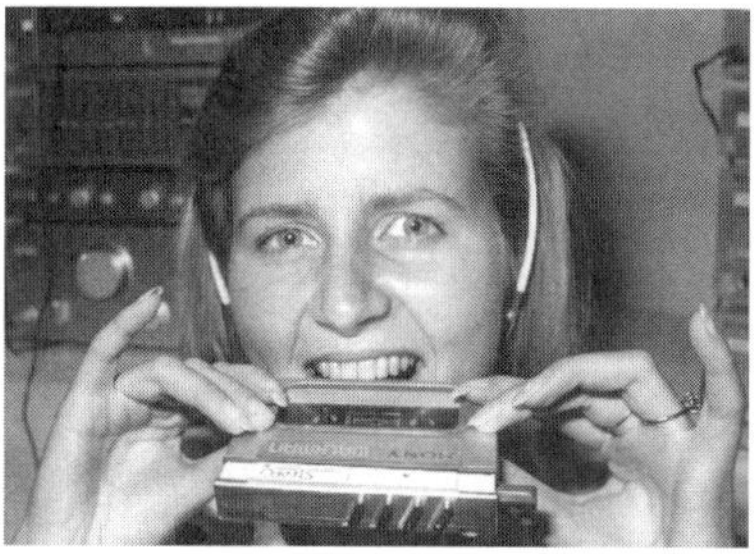

ソニーのウォークマンブーム
（dpa/時事通信フォト）

世界中の人々と良好な関係を築くことができるお茶は、「ピースフルドリンク」だと実感しました。

その上司というのは、幼少期を英国で過ごしたということもあり、いわゆる〝紅茶通〟。オフィス近くのタワマンに暮らし、奥様にモーニングティーをいれることを日課としているというジェントルマンでした。自由な社風のソニーでは、カジュアルなジーンズ姿で仕事をする人も多かったのですが、彼はいつもスーツ姿で現れ、スモーキーなブラックティーを飲みながら朝の仕事にとりかかります。

そんな洗練された立ち居振る舞いは、まるで**「英国の敏腕バトラー」**のようでした。

バトラーとは、上流階級の大邸宅に仕える執事のことです。

20世紀初頭の英国では、使用人の中にも厳格な身分制度があり、バトラーは数多くの使用人を束ね、総指揮を執る現場のトップでした。仕事のスキルはもちろん、幅広い知的教養や周囲からの信頼、組織を統括する高いマネジメント能力が求められたのです。つまり、**有能なバトラーはビジネスエリートになるための資質を、すべて兼ね備えていたわけです。**

何事にも動じず常に冷静沈着、リーダーシップを発揮しスマートに仕事をこなしていたその上司は、現在トップマネジメントとして活躍しています。

そこで本書では、**「知性と品格を兼ね備えた現代版バトラー」を目指すことをゴールイメージに設定しました。**

案内役の「バトラー猫」と一緒に、お茶を通じて日本人、国際人、教養人として知っておきたい知識を文化的・科学的・精神的・経済的なアプローチから広くご紹介していきます。

お呼びになりましたかにゃ？　紅茶の世界は奥が深い。けど、教養をマスターすれば、一目置かれる最強のビジネスパーソンになれるにゃ〜。

バトラー猫くん、よろしくね。みなさんを「紅茶の旅」にお連れする前に、本書のコース（構成）をご案内しましょう。

Contents

【 Chapter 1 】

ビジネスパーソンが紅茶を学ぶ
メリット、紅茶の効用をお話しします。

【 Chapter 2 】【 Chapter 3 】

紀元前に発祥したお茶が世界へと広まった
5000年のストーリーを紐解きます。その過程で、
英国由来の紅茶が辿った歴史の奥深さをお伝えします。

【 Chapter 4 】【 Chapter 5 】

紅茶だけでなくお茶をテーマとして
ティーロードを巡りながら、
土地ごとに育まれてきた喫茶の風習や
しきたりに着目します。

【 Chapter 6 】

終盤は、実践編です。
実際にお茶を日常生活やビジネスシーンで
活用するご提案をしていきます。

【 Chapter 7 】【 Final Chapter 】

アフタヌーンティーを10倍愉しむ方法や、
知っておきたいマナーをご紹介します。

「茶は末代養生の仙薬なり、人倫延齢の妙術なり」

(『喫茶養生記』栄西)

お茶は、体にも、心にも、頭にも効く薬です。

ぜひ、ティーカップ片手に、紅茶そしてお茶の教養を一緒に味わい尽くしていきましょう。

最初から読むのも良し、興味のある箇所から読んでも構わないにゃ。お気に召すままに〜。

仕事と人生に効く
教養としての

紅茶

Contents

Chapter 1

なぜ一流のビジネスパーソンはお茶を飲むのか？
——心と身体を整える「紅茶の効用」

知っておきたい茶の基礎知識

Chapter
2
真の教養人として身につけたいお茶の歴史
［中国、日本編］

Chapter
3

真の教養人として身につけたいお茶の歴史
［イギリス編］

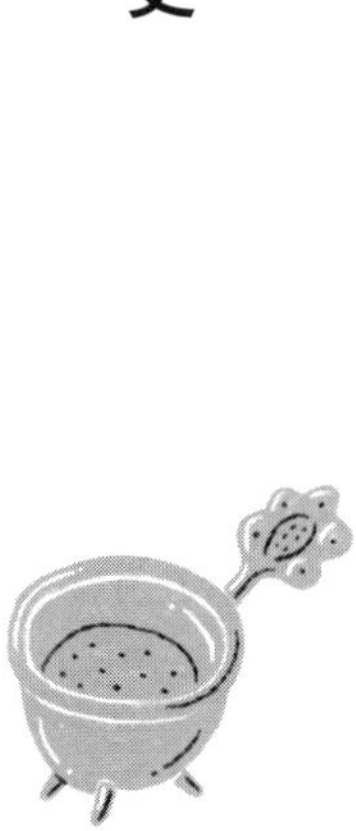

世界史を揺るがした事件の真相2

Chapter
4

ビジネスパーソンとして知っておきたい世界のお茶文化
——11の国と地域を旅する

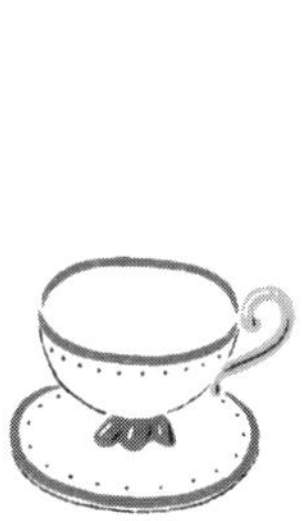

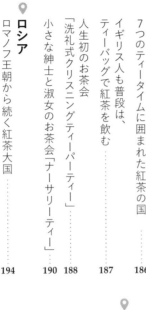

Chapter

5

これであなたも紅茶通になれる!?
産地銘柄の違いを知って「アイディア」を引き出す

Chapter 6

タイプ別解説！
スマートなビジネスパーソンが実践している「お茶の習慣」

Chapter
7
ビジネスで差をつける最高体験！
アフタヌーンティーのススメ

Final Chapter

バトラー猫からのプレゼント
アフタヌーンティーを愉しむために知っておいてほしいこと

英国エリザベス2世女王陛下の崩御に伴い、
2022年10月一部表記を修正しております。
心より哀悼の意を表します。

Chapter 1

なぜ
一流のビジネスパーソンは
お茶を飲むのか？

――心と身体を整える「紅茶の効用」

お茶が持つふたつのチカラ

人はなぜ、お茶を嗜むのでしょうか？

世界中で親しまれ、水の次に多く飲まれている「お茶」。

とはいえ、紅茶・緑茶・烏龍茶、ティーファミリーはどれも嗜好品。生命の維持に必ずしも欠かせないものではありません。

それにもかかわらず、国ごとに様々な喫茶の習慣が生まれ、その土地の文化として育まれてきた背景には、ふたつの「**お茶の持つチカラ**」が挙げられます。

ひとつめに、**物質的な効能。**

人間の身体は体重の約60％が水分です。体重70kgの成人男性の場合、約42ℓもの水分が体内を循環しながら生命を維持しています。

だからこそ、「**日々どのような水分を摂取するか**」**がとても重要になってくるのです。**

人類とお茶の出会いは、遥か昔、紀元前までさかのぼります。

古来より人間の知恵として、生水を飲むよりも、煮沸することで安全な水を身体に取り入れようとしました。その際に様々な野草を入れて一緒に煮出したところ、「チャ」という一枚の葉っぱと出会います。

水にチャの葉を入れて沸かすことで、風味豊かに美味しく飲めるだけでなく、浄化や解毒作用といった薬効が期待できたのです。

以来、茶史の中で長く薬として位置づけられてきた茶は、今日でも抗ウイルス、抗菌、免疫サポートなど、身体に良い健康的な飲み物として定着しています。


ふたつめに、**精神的な効能。**

人間に大切なのは心と身体のバランスです。

心の栄養が行き届かないと、身体に不調が現れます。

お茶は単に身体に必要な水分を補給したり、喉の渇きを潤したりという飲料としての役割だけではなく、社交の茶、もてなしの茶、くつろぎの茶、癒やしの茶……、ストレスフルな日常の中で、渇き切った心にも潤いを与えてくれます。

一杯のお茶は、人と人を結びつけ、生活を豊かにしてくれる「コミュニケーションツール」としての外向的な側面と、自分の内なる心と向き合い、生活のリズムをつくる「リラクゼーションツール」としての内向的な側面の双方向から働きかけてくれる効果があります。

松下幸之助と茶道 ビジネスに通じる「精神的な効用」

前後しますが、「精神的な効能」に注目した具体的なケースを紹介します。

世界を代表するビジネスエリートたちも、「お茶の持つチカラ」に気づき、人生にも仕事にも最大限に活用しています。

パナソニック（旧松下電器産業）を一代で築き上げた実業家・

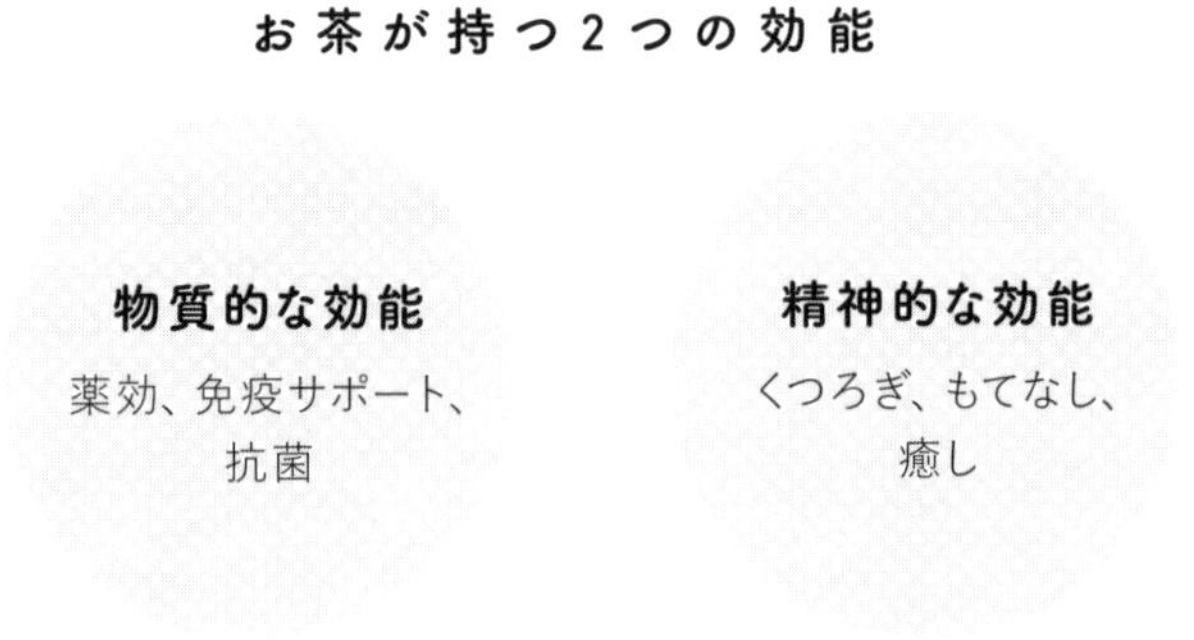

イギリスには、「一杯のお茶は、あらゆる問題を解決してくれる」という言葉があるにゃ。身体にも心にも作用するお茶は生きる知恵と力を与えてくれるからこそ、5000年にわたって長く広く愛飲されているんだにゃ。

松下幸之助は、経営の神様として有名ですが、一方で「**昭和の大茶人**」という別の顔も持っていました。

1894年、8人兄弟の末っ子として生まれた彼は、父親が米相場に手を出し失敗したことで極貧となり尋常小学校4年生で中退、丁稚奉公に出ます。

22歳のときに独立し、自宅の4畳半の半分を土間にして電球ソケットの製造を開始。「世の中から貧困をなくす！」という理念のもと、安くて良い電化製品を世に送り続け、世界的企業へと育て上げました。

そんな幸之助が茶道と出会ったのは40歳を過ぎた頃。

経営者として政財界との交流が生まれる中で、お茶の作法を知らないがゆえに大恥をかくことになったそうです。「松下はん、**商売だけではいかんで。お茶くらい知らなあかんよ**」との言葉に促され、茶道の世界に足を踏み入れます。

それから、毎朝一碗の茶を嗜むことを日課とし、自身の人生

お茶を嗜む松下幸之助

哲学でもある「素直な心」に整えてから仕事に入ったといいます。

彼は生涯にわたり数多くの経営哲学や成功法則を残していますが、その根底には一貫した精神がうかがえます。それが、**素直な心**です。

世の中は自然の法則によって動いていて、素直な心を持って従うことこそ、成功への近道になります。けれど私たち人間は、地位や名誉に囚われてしまい、その法則に自分をあわせることができません。囚われた心からは、誤解や憎しみが生まれ、ひいては対立や戦争へとつながります。素直な心こそが、人類に繁栄と平和と幸福をもたらす、そう彼は考えたのです。

そして、茶の精神に素直な心を見出し、このような言葉を残しています。

「茶の心というものは、とらわれない心であり、ありのままに見る心であり、いってみれば素直な心そのものではないかという感じも一面にしている」

（『松下幸之助――茶人・哲学者として』）

茶の湯に触れ、奥深い教養と人間としての重みを身につけた幸之助は、お茶の持つチカラを人材育成の場にも活かしていきました。晩年に設立した松下政経塾には茶室

『松下幸之助――茶人・哲学者として』
谷口全平、德田樹彦著／宮帯出版社

があり、世界に通用するリーダーとして相応しい人格を形成するために、茶道が必修科目となっています。

「Teaism」に魅せられた偉人たち

いにしえの戦国時代より、織田信長や豊臣秀吉といった日本の偉人たちを魅了し、独自の文化として花開いた「日本の茶の湯」を世界に広めたのが、明治期に活躍した思想家、**岡倉天心**です。

真の教養人でもあった彼は、茶の精神を「Teaism」という言葉で世界へ発信しました。

国境を越えて広がったTeaismに魅せられた一人がアップルの創業者スティーブ・ジョブズです。ジョブズが日本文化に傾倒していたことは有名な話ですが、その接点となったのが「禅」でした。

岡倉天心
（1863－1913年）
東京美術学校（現・東京藝術大学の前身のひとつ）設立、日本美術院の創設に尽力。近代日本における美術史学研究の開拓者で、明治以降における日本美術概念の成立に寄与しました。

１９５５年、シリア人の父とアメリカ人の母との間に産まれたジョブズは、出生後まもなく養子に出されます。

幼い頃から独創的な才能を発揮する一方で異端児でもあった彼は、大学を中退し自分探しの旅に出ます。そんな中で出会ったのが東洋思想であり、禅宗でした。特に禅に心酔し、福井県にある永平寺への出家を望んだ時期もあったといいます。

「**茶禅一味**」という言葉が表すように、もともと茶道は禅宗から生じた道で、人間形成という本質の部分は一体であると考えられています。

ジョブズは茶の精神「侘《わ》び」「寂《さ》び」にも傾倒し、京都の禅寺や枯山水《かれさんすい》庭園へ何度も足を運び、見識を深めていきました。

Teaism は彼の人間性はもちろん、美意識や製品にまで大きな影響を与えたのです。

スティーブ・ジョブズ
（1955-2011年）
Appleの共同創業者の一人であり、同社の最高経営責任者（CEO）を務めた。Nピクサー・アニメーション・スタジオの創業者でもあり、ウォルト・ディズニー・カンパニーなどの役員を歴任した。
（AFP＝時事）

Column

盛田昭夫からジョブズに受け継がれた「ミニマリズム精神」

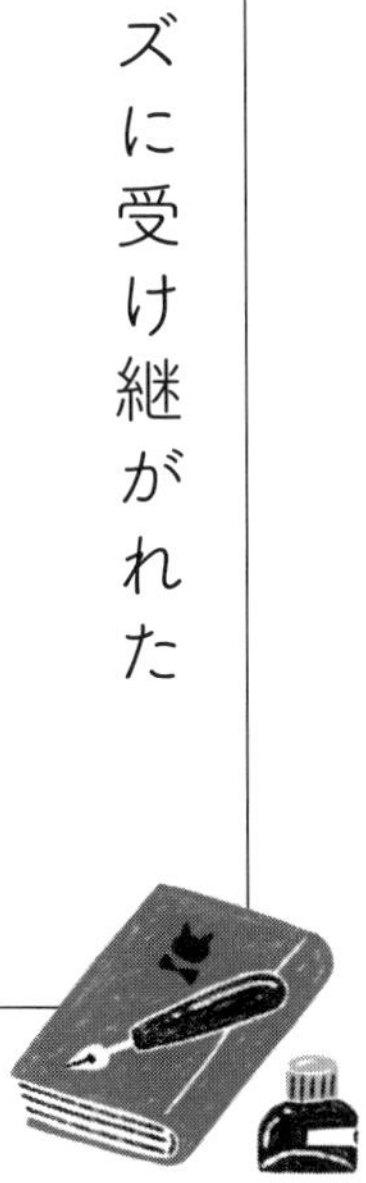

ジョブズが尊敬していた経営者といえば、ソニーの創業者・**盛田昭夫**です。

生前、彼は「**アップルはコンピューター業界のソニーになることを目指してきた。ミスターモリタは、私とアップルのスタッフに多大なる影響を与えた**」と語っています。

素晴らしいと感じたアイディアは即座に取り入れることをモットーとしていたジョブズ。

トレードマークのタートルネックはソニー社員全員が身につけていたイッセイ・ミヤケのユニフォームから、アップルストアは銀座にあったソニーのショールームから、Ｍａｃの工場はソニーの工場見学からインスピレーションを受けたと語っています。

初めてジョブズがソニー本社を訪問した際、ウォークマンをプレゼントしたところ、目を輝かせ夢中でボタンを何度も操作し、ついにはその場で分解をはじめたという、いかにも彼らしい話も社内で語り継がれていました。

私自身、ソニーでウォークマンを担当していた当時、「**自分たちが作り上げているのは、ウォークマンという製品ではなく、文化を創造しているのだ！**」という信念を常に意識し、ソニーらしい「モノづくり」と向き合っていました。

iPod の発売の際「これは21世紀のウォークマンだ」と発したジョブズの言葉を聞いて、ソニー・スピリッツが継承されていた……と感慨深いものがありました。

ジョブズが世に送り出したiPhone も、世界中の人々のライフスタイルを大変革することになった、まさに新しいカルチャーを築き上げた製品です。

「シンプルであることは、複雑であるより難しい」

言葉どおり、無駄を削ぎ落とし、言葉や世代の壁を越え、誰もが直感的に使いこなすことができる「究極のミニマリズム」を形にしたのがiPhone といえます。

これは私の勝手な解釈でしかありませんが、ソニー・スピリッツとTeaismを象徴する不足の美という概念の融合が、自らのフィルターを透過して具現化されたものが「ジョブズ流ものづくり」の姿勢なのでは……と密かに思っています。

一杯のお茶から
「傑作」が生まれる

頭、身体、心に効く万能薬

シリコンバレーでも注目の「物質的な効用」

近年、世界のエリート頭脳が結集するシリコンバレーでは、禅や茶といった日本趣味がムーブメントとなっています。

アップルやグーグルの社員は、朝、オフィスの瞑想室でマインドフルネスを行ったあとコーヒーではなく緑茶を片手にデスクにつき、仕事をはじめる。そんなスタイルが定着し、今や日本に逆輸入されるという現象が起きています。

21世紀の初頭あたりまで、アメリカ人が好む茶といえば甘みの強いスイートテイストが定番でした。それがここ数年、**食のトレンド発信地でもあるシリコンバレーで無糖の緑茶が飲まれるようになったことで全土へと広がりをみせ、いまやアメリカは日本の緑茶輸出先第1位となっています。**

シリコンバレーで注目されているのが、先述したお茶の持つ「物質的な効能」です。

ティーファミリーの紅茶・緑茶・烏龍茶。それぞれ製法によって成分の違いが出て

マインドフルネスとは？

禅や瞑想に由来した心身を整える方法。心理学や脳科学を取り入れたセラピーとしてアメリカから広まり、集中力や生産性が上がるとシリコンバレーの多くの企業が導入しています。

くるものの、基本的な成分として挙げられるのが、**テアニン**（**旨味成分**）、**カテキン**（**渋み成分**）、**カフェイン**（**苦味成分**）**の3本柱です**（**次ページ図参照**）。

「茶は末代養生の仙薬なり」

日本の茶祖・栄西禅師が示したように、お茶は古来より万能薬として広がりました。

イギリスで初めて茶の販売をしたロンドンのコーヒーハウス「ギャラウェイ」では「待望の東洋の神秘薬である茶が初上陸！」と大々的に広告を打ち出し、宣伝ポスターには**「頭痛、目眩、腹痛、消化不良、下痢などの症状回復から虫歯、肥満、視力低下の予防まで効果を発揮」**と20にも及ぶ薬効をずらりと並べ、たちまちジェントルマンたちのパワードリンクとして人気となりました。

当時は決して科学的根拠が証明されていたわけではあ

英国史上初の茶の広告　1658年

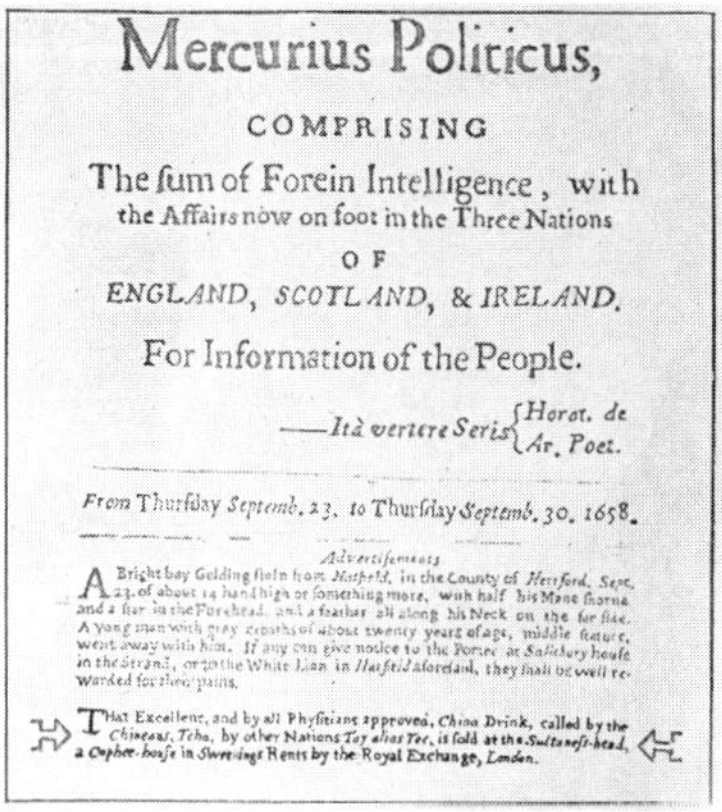
Mercurius Politicus,
COMPRISING
The ſum of Forein Intelligence, with the Affairs now on foot in the Three Nations
OF
ENGLAND, SCOTLAND, & IRELAND.
For Information of the People.
——*Ità vertere Seris* {*Horat. de Ar. Poet.*
From Thurſday *Septemb.* 23. to Thurſday *Septemb.* 30. 1658.
Advertiſements
A Bright bay Gelding ſtoln from *Hatfeld*, in the County of *Hertford*, Sept. 23. of about 14 hand high or ſomething more, with half his Mane ſhorne and a ſtar in the Forehead, and a feather all along his Neck on the far ſide. A yong man with gray cloaths of about twenty years of age, middle ſtature, went away with him. If any can give notice to the Porter at *Saliſbury* houſe in the Strand, or to the White Lion in *Hatfeld* aforeſaid, they ſhall be well rewarded for their pains.
THat Excellent, and by all Phyſitians approved, *China* Drink, called by the *Chineans*, *Tcha*, by other Nations *Tay alias Tee*, is ſold at the *Sultaneſs-head*, a *Cophee-houſe* in *Sweetings* Rents by the Royal Exchange, *London*.

りませんので、今の時代なら誇大広告として訴えられそうな内容です。

21世紀の現代、科学は進歩し、その真偽がエビデンスによって解き明かされるようになりました。

いにしえの人々に受け継がれてきた説が証明されただけではなく、一杯のお茶は、頭も、身体も、そして心までも整えてくれるサポート飲料ということが広く認識されるようになったのです。

ビジネスエリートの必須科目
教養としての茶

お茶の物質的効能

テアニン
（旨味成分）
リラックス
睡眠改善
免疫力アップ
集中力アップ

カテキン
（渋み成分）
抗ウイルス
抗がん
アンチエイジング
悪玉コレステロール抑制

カフェイン
（苦味成分）
脳細胞活性
疲労回復
基礎代謝アップ
ダイエット

ビジネスパーソンが身につけたい礼儀作法のことを、日本では「ビジネスマナー」といいますが、これは和製英語。**国際社会では「ビジネスエチケット」と表記します。**

「ビジネスエチケット」という概念が生まれたのは17世紀、世界初のグローバルカンパニー東インド会社が誕生した頃です。

イギリス東インド会社で株式システムが登場した際、出資者を募るブローカーたちは、「マナーが悪い」という理由で王立取引所への立ち入りが許されず、近隣にあったコーヒーハウスに集まるようになりました。

投機熱の高まりとともに、一攫千金を狙う貴族から闇の相場師まで、様々な階級の人々が入

東インド会社（East India Company）
17世紀、ヨーロッパ諸国でのアジア貿易独占権を与えられた特許会社の総称。イギリス東インド会社（1600年）、オランダ東インド会社（1602年）をはじめとして、相次いで設立された世界初の株式会社。主力商品は、香辛料、絹織物、そして茶。

ロンドンのリーデンホール通りに建てられた東インド会社旧社屋
（Bridgeman Images/時事通信フォト）

り乱れるようになり、不正行為やトラブルも日常茶飯事というカオス状態に陥っていきます。

そんな中、貴族から次々と取引を依頼されるブローカーがいました。

それは、「教養」を身につけた人です。

ここでいう教養は「カルチャー（Culture）」**のこと。**

日本ではカルチャー＝文化と捉えることが多いのですが、語源は「耕す」に由来し、「教養」や「洗練」を意味しています。

つまり、投資の知識はもちろんのこと、洗練された身だしなみや作法といった「ジェントルマン文化としての教養」を高めた人がビジネスチャンスを掴んでいったのです。

これは、出資する貴族の立場に立ってみると当然のことでした。

階級が違うとはいえ、相手に不快感や不安を与える「教養が足りない人（Uncultured Person）」に大金を預けるわけにはいきません。積極的に教養や知識を身につけ、品格を高めようとする人間性を評価したのです。

ビジネスにおいて品性や礼儀作法で差がつくのは、今も昔も変わらないにゃ。

日本でも、利休はじめ安土桃山時代の商人たちは、教養や品位を身につけるために茶の湯を学んだといいます。同じように、英国のビジネスパーソンたちも、階級の高い貴族を相手に交渉のテーブルにつけるよう、コーヒーハウスで貴族趣味のお茶を嗜み、知識やマナーを身につけ、品性を磨いていったのです。

そこから、ビジネスをするうえで、ルールを遵守し、良識ある行動秩序というものが求められるようになっていきました。**エチケットは、まさにビジネスパーソンとして信頼を得るための「チケット」**になっていったわけです。

コーヒーハウスはのちに、世界経済の中核を担うロンドン証券取引所へと発展しました。

今もなお、日本のエリートと呼ばれるビジネスパーソンたちが、教養として茶道を嗜むように、英国のエグゼクティブ層は、アフタヌーンティーを嗜み、カルチャーを身につけます。

茶道とアフタヌーンティー。どちらにも共通しているのは、**茶を学ぶことで、自国の文化、歴史、芸術に触れると同時に、己の品性を磨き高め、奥深い教養を備える、いわば人格形成につながる**という点です。

ニューノーマル時代の「大人の趣味」

「アートは美術館の中だけにあるものではなく、普段の生活の中にこそ見出すもの」そのような考えが、ヨーロッパの人々の根底に存在します。

人生を愉しみ尽くすのがアートの本質のひとつだとすれば、日々の中で愛《いつく》しむ「大人の趣味」として、アフタヌーンティーは年齢や性別を超えて広く親しまれるアート

Art de Vivre

ヨーロッパでは、紅茶の知識やマナーを身につけることや、アフタヌーンティーを愉しむことは、**Art de Vivre「アール・ド・ヴィーヴル（暮らしの中に息づく芸術）」**と考えられています。

の条件を満たしているのです。

日本の茶道に置き換えてみると、イメージしやすいかもしれません。

総合芸術である「日本の茶道」と生活芸術である「英国のアフタヌーンティー」。

一見対極にあるように見えるこのふたつですが、実は非常によく似ています。

それもそのはず、**英国のアフタヌーンティーは日本の「茶」や神秘的な儀式である「茶の湯」への憧憬からはじまったもので、いわば「英国流の茶道」だからです。**

暮らしのアートは、生活にリズムを、そして心に潤いを与えてくれます。

まずは日常が変わります。はじめは小さな興味でも、茶葉、道具、器へと次第に視野が広がります。それぞれが奥深い分野であり、学びを深めるごとに知的好奇心が満たされ、いくつになっても成長を感じることができます。

私自身、紅茶をライフワークにしたいと学びはじめてから、すでに30年以上経ちます。趣味でも仕事でもありますが、興味はとどまるところを知らず、いまだに新しい知識との出会いがあったり、知らない世界を開拓したりと新鮮な発見の連続です。

日常だけではなく、非日常のシーンにも変化があります。

たとえば、**旅行**。

日本でも海外でも、出掛けた先で目に映る情報の量が断然変わります。興味がないと全く目に入らないものが次々と見えてくるようになり、あれも見てみたい、これも見てみたい！とテーマが広がることで、旅の質も変わります。

陶磁器に興味を持ちはじめ、ドイツの工房を訪ねて職人さんと話をしているうちに、絵付け留学をすることになった女性。アンティークに目覚め、イギリス中のフェアをまわっているうちに、これを第二の人生にしようと、小さなアンティークショップをはじめたご夫婦。趣味の域では収まらず、人生を変えるきっかけと出会うこともあります。

「はじめに」でお伝えしたとおり、**紅茶はコミュニケーションツールでもあるので、茶の輪を広げることもできます。**

趣味を通して出会う仲間は、仕事の仲間とは、ひと味もふた味も違います。新しい価値観や気づきを得ることは、刺激にもなり視野も広がります。

また、趣味からセカンドキャリアの芽が出たり、リタイヤ後の充実したライフワークになることも考えられます。

一杯のお茶がもたらしてくれる大人の趣味は、人生を彩るエッセンスになります。日本茶に触れることで日本人としての美意識を磨き、紅茶に触れることで国際人としての感性を養うことができれば、人生はより愉しく豊かなものになるでしょう。

どんな動機でも結構。
まずは、紅茶に興味を持つことから
はじめてみるにゃ。

知っておきたい茶の基礎知識

知っておくと、紅茶を
見る目も変わるかもにゃ。

Q1 紅茶・緑茶・烏龍茶はすべて違う葉から作られるの？

A すべて同じ葉っぱからできています。

「お茶」と聞いて、紅茶・緑茶・烏龍茶、何を思い浮かべますか？

私たち日本人が飲むお茶は日本茶、つまり緑茶が多いのですが、**世界全体を見ると茶生産量の約6割が紅茶、残りが緑茶や烏龍茶などに加工されています。**

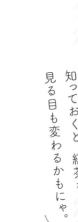

ここで質問です、あなたは紅茶の木を見たことがありますか？

多くのかたが「緑茶の木なら見かけたことがあるけど、紅茶はないです」と答えますが、実は**「紅茶の木」や「緑茶の木」が存在するわけではない**のです。

紅茶も緑茶も烏龍茶も同じ一本の木、一枚の葉っぱから作られています。

日本でもよく目にする**「チャの木」**はツバキ科ツバキ属の永年性常緑樹で、学名を「カメリア・シネンシス」(Camellia sinensis (L.) O.Kuntze) といいます。

Camellia は属名、sinensis は種小名、O.Kuntze は命名した植物学者の名前です。

製品としての茶に対して、植物としての茶は「チャ」と表記されます。

チャの木は、椿や山茶花《さざんか》の仲間で姿かたちがよく似ているため、気づかずに通りすぎていることも多いのですが、意外と色々な場所で見つけることができます。常緑樹で育てやすいことから庭木や街路樹として、また、寺院や日本家屋では結界として生け垣になっていたりすることもあります。

「椿、山茶花、それともチャかな？」

迷ったときは花を見ると一目瞭然。**秋に入り10月頃、真っ白で小さく可憐な花を控えめに、下向きに咲かせたら、それはきっとチャの木です。**

青々とした生葉《なまは》を原料として、どのように発酵させていくかによって、紅茶・緑茶・烏龍茶、自在に製茶することができるのです。

ただし、同じ木とはいえ**栽培品種を大別すると、中国種とアッサム種の2種類に分類されます。**このふたつ「本当に同じ木？」と思うほどキャラクターが異なりますが、近縁種で自然交配もします。

中国種は、中国・雲南省が原産で、耐寒性が強く灌木タイプの茶樹（Bush）、葉は6〜9㎝と小ぶりで、薄く硬いのが特徴です。

一方、アッサム種はインド・アッサム州が原産で、高温多湿の地に生育する喬木《きょうぼく》タイプの茶樹（Tree）、葉は12〜15㎝と大ぶりで、厚みがあり柔らかいのが特徴です。

どちらの品種からも紅茶・緑茶・烏龍茶、すべてのお茶を作ることはできます。

実際お茶に加工すると、中国種はアミノ酸が多く、水色《すいしょく》（お茶の抽出液の色）が薄くてデリケートな風味に仕上がるため、緑茶向き。アッサム種はタンニンの含有量が多く、水色が濃く濃厚な風味に仕上がるため、紅茶向きということがわかります。

BreakTime

チャの花は嫌われ者？

日本の茶産地で育ったというかたは、チャの木は見慣れていても、チャの花は見たことがないというかたも多いかもしれません。

自生している茶樹は10メートルを超えるものもありますが、茶畑の茶樹は摘採方法によって半円型や水平型などに剪枝されています。そこには、庭の垣根などで見かける「奥ゆかしい白い花」を見つけることは、ほとんどありません。

なぜなら、**花に栄養分を取られてしまうと新芽に行き届かなくなってしまうので、花が咲く前に摘み取ってしまうのです。**

お茶農家さんにとってはちょっぴり厄介者、それを知ってか葉っぱの裏に隠れるかのごとく、ひっそりと咲かせているのがチャの花なのです。

Q2 だったら、紅茶・緑茶・烏龍茶は何が違うの？

A 発酵の度合い（≒%）が違います。

現在、世界中で飲まれている茶は、チャの木「カメリア・シネンシス」の生葉を原料とした総称で、紅茶・緑茶・烏龍茶の3種類に大別できます。

これは製茶法による分類で、まずは**「生葉を発酵させるか、させないか」**そして**「発酵させる場合、どの程度の発酵度なのか」**という加工の違いによるものです。

ここでいう発酵というのは、乳酸菌や麴菌といった微生物の働きを利用した発酵ではなく、生葉に含まれる酸化酵素の働きによって成分変化を促した発酵のことです。

たとえば、りんごやバナナの皮を剝いて放置しておくと、空気に触れることによってだんだんと茶色に変化していきますよね。同じように「チャの木」の葉を摘み取ると、その瞬間から生葉に含まれる酸化酵素が活性化し、酸化発酵がはじまります。

その酸化酵素の働きを利用して、100％まで発酵させたものが「全発酵茶」と呼ばれる紅茶、加熱することで発酵を止めたものが「不発酵茶」と呼ばれる緑茶、その間にあたるものが「半発酵茶」と呼ばれる烏龍茶などになります。

「お茶は一本の木から生まれるティーファミリー」とお伝えしましたが、誕生の順番としては、緑茶・烏龍茶・紅茶の順です。ファミリーツリーの枝葉の先には、それぞれ何百種類ものお茶が存在します。

けれど、それは分類学上のもの、むずかしく考える必要はありません。

その日の体調や気分によって、ボーダレスにお茶の世界を愉しめるようになれば、慌ただしい日常に潤いが生まれます。

一日一茶。スマホやテレビから距離を置き、好きなお茶をいれながら自分と向き合う余裕を持ってみてください。小さな習慣の変化は、やがて大きな人生の変化をもたらしてくれます。

発酵の度合いで変化するお茶

生葉

不発酵茶
発酵させない
↓
緑茶

半発酵茶
少し発酵
↓
烏龍茶

発酵茶
全発酵
↓
紅茶

毎日、紅茶をいれる余裕を持つといいにゃ（詳しくはChapter 6で）。
3日続けると習慣になり、3年続けると人生が変わるにゃ！

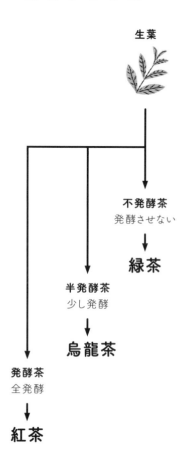

Q3 十六茶って何茶なの？

A 分類学上はお茶ではありません。「茶外茶」「代用茶」と呼ばれます。

お茶の種類は何千種類もあるといわれていますが、共通することはすべて「カメリア・シネンシス」という植物の葉を原料としていること。

ただ、周りを見渡すとそれ以外にも色々な茶があふれかえっています。

麦茶や杜仲茶《とちゅうちゃ》、はたまたマテ茶やルイボス茶まで、これらはお茶の仲間ではないのでしょうか？

日本では昔から、「植物を煎じた飲み物」のことを茶と呼ぶ習慣がありました。

たとえば、麦茶の原料は麦、マテ茶の原料はモチノキ科の灌木の葉や枝です。

十六茶の原材料は、ハトムギ、大麦、ハブ茶、発芽大麦、とうもろこし、玄米、たんぽぽの根、びわの葉、カワラケツメイ、ごぼう、あわ、きび、小豆、エゴマの葉、ナツメ、ゆずの皮とあり、複数の素材をブレンドした健康飲料です。

カメリア・シネンシスが配合されていれば「ブレンド茶」になりますが、配合されていない場合、つまりチャの木以外の植物から作られたものは、**厳密に言えば分類学上の茶に属さないため、「茶外茶」「代用茶」などと呼ばれます。**

Q4 紅茶・緑茶・烏龍茶もすべて同じ葉。生葉は鮮やかな緑色をしているのに、なぜ茶葉の色やいれたときの水色が異なるの？

A 発酵の進行具合によって、葉緑素クロロフィルの量に違いが生じるから。

先ほど、酸化酵素の働きの違いで茶葉の種類が変わると述べました。

そもそも、生葉が緑色をしているのは、葉緑素「クロロフィル」によるものです。葉を摘み取ると酸化酵素の働きで変色が進みますが、どのタイミングで酸化を止めるのかによって茶葉の色が変わっていきます。


お茶の製造工程の基本は「摘む・揉む・乾かす」の3段階。


緑茶は摘み取ってすぐに熱を加えることによって発酵を止めるため、クロロフィルが分解されずに緑色が残ります。

紅茶は摘み取ったあと、しばらく放置して萎《しお》れさせ、発酵を促し、加熱せずに揉んでいきます。揉む際に茶葉に含まれるカテキン類が酸化酵素の働きによってテアフラビン（オレンジの色素）やテアルビジン（赤の色素）へと変化し、赤褐色になります。

烏龍茶はその中間です。摘み取ったあと発酵を促し、茶葉の緑色が半分程度残った状態で熱を加えて発酵を止めるため、部分発酵とも呼ばれます。途中で発酵を止めるので、茶葉も紅茶ほど深い赤褐色にはなりません。

つまり、**発酵が進むにつれて、緑色から赤褐色へと変わっていくわけです。**

Q5 緑茶は英語でグリーンティー、では紅茶は?

A ブラックティーです。

この質問をすると、「レッドティー?」という回答も多いのですが、**紅茶はブラックティー。**

大きくふたつの理由があります。

ひとつは、茶葉の外観。緑茶は緑色なのでグリーンティー。それに対して、黒褐色をしているのでブラックティー。

もうひとつが**水の色**。

先にも述べましたが、お茶の抽出液の色を「水色」といいます。

日本の軟水で紅茶をいれると、輝くような澄んだ紅い水色をしていますが、イギリスの硬く石灰分が多い水でいれると、水色がくすんで黒っぽくなり、底が見えないほど。ブラックティーという言葉も頷《うなず》けます。

ちなみに、**イギリスでは毎年エイプリルフールになると、「今年から紅茶がRED TEAに表記が変わるらしい」という、ジョークが飛び交います。**まさに、英国流の〝ブラック〟ジョークでしょうか。

水色は中国茶を見ると一目瞭然だにゃ。不発酵の緑茶から発酵が進むにつれて水色が濃くなり、全発酵の紅茶へとグラデーションしていくにゃ。詳しくは「中国茶六大茶類」で説明するにゃ～（260ページ参照）。

Q6 世界で一番のお茶好き国はどこ？

A 世界屈指の生産量を誇る中国とインド。一人あたりの消費量では、トルコが1位。

お茶の生産量を見ると、中国とインドが群を抜いています。

どちらの国も、歴史的に世界有数の茶産地であり、人口10億以上の大国。もともとお茶好きな国でしたが、一人あたりの消費量も年々増加しています。

ただし、**中国は茶という分類だと世界第1位の生産量ですが、様々な種類の茶に加工されるため、紅茶という分類だと1位にはなりません。**

一人あたりの消費量でいえば、トルコやリビア、アイルランドが上位にきます。

生産量も消費量も多い国がトルコ。理由が知りたければ、221ページへ！

国別の生産量（2020年）

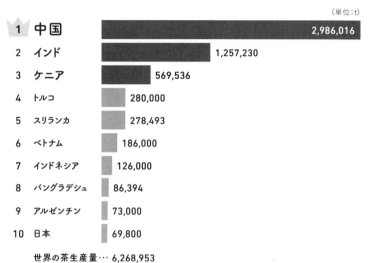

（単位：t）

1	中国	2,986,016
2	インド	1,257,230
3	ケニア	569,536
4	トルコ	280,000
5	スリランカ	278,493
6	ベトナム	186,000
7	インドネシア	126,000
8	バングラデシュ	86,394
9	アルゼンチン	73,000
10	日本	69,800

世界の茶生産量… 6,268,953

国別の一人あたりの茶消費量（2018-2020年平均）

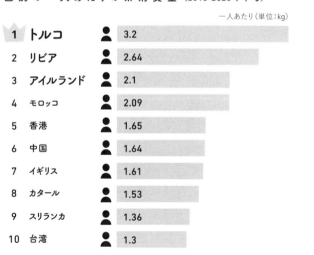

一人あたり（単位：kg）

1	トルコ	3.2
2	リビア	2.64
3	アイルランド	2.1
4	モロッコ	2.09
5	香港	1.65
6	中国	1.64
7	イギリス	1.61
8	カタール	1.53
9	スリランカ	1.36
10	台湾	1.3

※いずれのデータも三井農林株式会社提供

付録の世界地図でもチェックしてにゃ〜。

Chapter 2

真の教養人として身につけたいお茶の歴史

〚中国、日本編〛

本章では、お茶のルーツを探る旅、中国と日本へみなさんを誘うにゃ。どうして中国茶と日本茶を学ぶのかって？ 紅茶は樹形図でいうところの「枝葉」。紅茶自体の歴史は浅いんだにゃ。お茶の歴史を知りながら、紅茶への理解を深めていくにゃ（世界史の勉強にもなるにゃ〜）。

ロード・オブ・ティー Ep.0

ルーツ編

人類とお茶との出会いは５０００年もの昔

お茶の歴史は、中国から始まります。

長い中国の茶史に初めて茶が登場するのは、紀元前２７３７年。

世界最古の茶のバイブル、陸羽が記した『茶経』によると、「**茶の飲たるは神農氏に発す**」とあります。

神農《しんのう》が木陰で白湯を飲むために休んでいたところ、風に吹かれて数枚の木の葉が湯のみの中に舞い落ち、それを口に含ませてみたところ、今まで味わったことのない素晴らしい香りと味がして、たちまち魅了されたといいます。偶然入った葉こそが「お茶の葉」で、ここから長い茶史が始まった……。

という伝説が語り継がれています。

神農（Shennong）**とは、古代中国の神話伝説に登場する三皇五帝の一人。**

「医薬の神様」ともいわれ、野山を駆け巡り、あらゆる種類の草木をみずから口に入れ、薬草と毒草を区別。薬草の効能を研究しては人々の病を治癒し、東洋医学や漢方の基礎を築いた祖と位置づけられています。

中国最古の薬物書『神農本草経』によると、神農は研究のために一日に１００種類もの草を舐《な》め、多いときには72の毒にあたり苦しんだそうです。

そこで頼りにしたのが、お茶の持つ解毒作用。

お茶の葉を噛むことで、体内の毒が消え体調が回復することに気づいた神農は、以

この瞬間、人間とお茶の「恋」がはじまった！

来、お茶で解毒をしながら１２０歳になるまで薬草の研究を続けたといいます。

ちなみに、お茶の成分カテキンは、植物毒に多いアルカロイドと結合し、抗毒素作用を促す働きがあることは実証されていますので、神農のとった行動は理にかなったものであったといえます。

そんな神農、どこかでお会いしたことはありませんか？

古くからある医家や薬屋、漢方薬局の片隅に、髭をはやし、草を口にしている木彫り像がひっそりと置かれているのを目にしたら、おそらくそれは神農です。

東京都文京区にある湯島聖堂には、神農像が祀られています。

ただし拝観できるのは一年に一度だけ。例年11月23日勤労感謝の日に開かれる神農祭りにて、境内にある「神農廟」が御開帳になります。

廟におさめられている神農像は3代将軍徳川家光により作られ、当初雑司が谷の百草園に祀られましたが、5代将軍徳川綱吉によって創建された湯島聖堂へと移設されました。

神農さん

大阪市中央区にある少彦名神社にも神農が祀られ、別名「道修町の神農さん」とも呼ばれています。道修町は戦国時代から薬種取引の場として栄えた場で、安永9年（1780年）に創建。例年11月22日・23日に開かれる神農祭は、大阪市の無形民俗文化財に指定されています。

Break Time

茶樹発祥の地

陸羽の著した『茶経』に「茶は南方の嘉木なり」という記述があるように、**茶樹の原産地は、中国最南部の雲南省、ラオス、タイ、ミャンマーの国境が交差するあたりというのが定説となっています。**

このエリアは、お茶だけではなく、お米（稲）の原産地としても知られ、様々な植物のルーツともいわれる場所です。

なかでも、「**ゴールデントライアングル**」と呼ばれる一帯は、お茶がもとで勃発するアヘン戦争の引き金となったケシ栽培の産地として悪名を馳せていましたが、現在は特別経済区として秘境リゾートに生まれ変わっています。

現在、見つかっている世界最古の茶樹は、中国・雲南省双江県にある樹齢3200年を超える高さ15mの大茶樹と推測されています。

日本最古の大茶樹といわれる、佐賀県嬉野市にある樹齢350年高さ4.6メートルの「嬉野の大茶樹」。（写真提供：佐賀県観光連盟）

ロード・オブ・ティー

Ep.1

中国編　不老長寿の薬「茶」が文化となるまで

▼ターム1　紀元前〜三国志〜南北朝時代　薬から嗜好品へ

お茶が嗜好品として飲まれるようになったのは、いつ頃からでしょうか？

秦の始皇帝は「不老長寿の薬」として茶葉を食したり飲用していたといい、中国・雲南省を原産とするお茶は、薬として紀元前から嗜まれていました。

お茶をいただく際に「ご一服しましょう」という言葉が用いられるのは、お茶が長く薬として位置づけられていたことを表しています。

中国茶史において、神話ではない最も古い茶の記述は、漢代・紀元前59年に王褒によって書かれた『僮約』に登場します。

また、紀元前1世紀頃に中国で書かれた医学書『神農本草記』にもお茶の効能などに関する記述が残されています。古くは生葉を水に入れて沸かし、やがて葉を蒸すようになり、板状に押し固めて製茶していました。その形状が中国の煉瓦＝磚《かわら》に似ていたため、「**磚茶**《たんちゃ》」と呼ばれていました。

始皇帝

中国史初の皇帝であった秦の始皇帝は、その強大な力を背景に大規模な陵墓「秦始皇帝陵」とその周辺の「兵馬俑」を建設。ユネスコの世界遺産（文化遺産）として登録されています。

三国時代（220-280年）になると、お茶は嗜好品として広がりをみせます。**『三国志』には、「以茶代酒」（茶を以て酒に代える）という一節が見られ、お酒の代わりにお茶を客人に振るまっていたことがうかがえます。**

南北朝時代になると、喫茶の習慣は役人や文人などから上流階級へと広まり、お茶が王朝への献上品・貢茶《こうちゃ》になりました。さらに、お茶と一緒に「茶菓」と呼ばれる木の実や果物が添えられるようになり、おもてなしとしての茶、つまり茶会のルーツも誕生します。

▼ターム2 唐〜宋 喫茶ブーム到来。食べるお茶から飲むお茶へ

唐の時代（618-907年）になると、茶の栽培・加工が中国全土に広がり、各地に「茶館」が出現。一般にも広く喫茶の習慣が浸透しました。また、インドから砂糖が伝えられたことにより、甘みのある唐菓子も発達しました。

この時代、のちに**「茶の聖人」と呼ばれるようになる陸羽が登場し、世界最古のお茶専門書『茶経』が760年頃に書き記されます。**

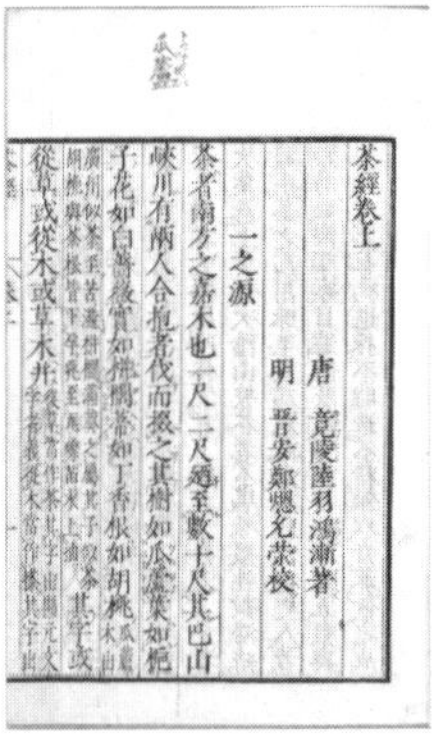

茶経（入間市博物館所蔵）
『茶経』には、茶の歴史からはじまり、茶の産地や製茶法、茶道具からいれ方・飲み方まで、詳しく書かれています。いわば、お茶のガイドブック。

茶の分類として、番茶・煎茶・粉末茶・固形茶の4種類が挙げられていますが、この時代は交易も活発に行われていたため、保存や運搬の面から固形茶（団茶、79ページ参照）が好まれていたようです。

主流は固形茶を削って煮出すという喫茶法。『茶経』によると、

「生葉を蒸し、型に入れ干し固められた固形茶は、団茶あるいは餅茶《へいちゃ》と呼ばれ、飲む際には削って粉状にして煮出し、そこに葱や生姜、棗《なつめ》や柑橘類の皮などを入れ、百沸する」

と記されています。お茶というよりも、漢方薬やスープのようですよね。

陸羽は禅寺で育ち、お茶のいれ方も僧侶から習ったといいます。僧侶にとってお茶は、厳しい修行中の眠気覚ましや、栄養補給といった側面が強く、羹《あつもの》と呼ばれたスープのような位置づけだったことがうかがえます。

ただし、陸羽はこの飲み方を茶葉本来の味を損なうものであると否定し、お茶は食べるのではなく、飲むように勧めています。

宋の時代（960－1279年）には、**喫茶法にも変化が見られるようになり、茶臼で挽いた粉茶を茶碗に入れ、かき混ぜるという抹茶法が広まりました。**このとき用いられた道具が竹製の筅《ささら》。日本の茶道で使う茶筅《ちゃせん》のもとになった道具でもあり、茶道の源流になったいれ方です。

▼ターム3　明〜清　茶葉貿易全盛、そして紅茶へ……

明の時代（1368－1644年）、中国茶史における転換期が訪れます。

ヨーロッパでお茶ブームが湧き起こり、茶葉貿易がスタート。輸出量が年々増加していきます。

一方、国内では初代皇帝・洪武帝によって団茶禁止令が出されました。

贅沢になりすぎた貢茶は賄賂としての側面もあったため、是正の意味も込めて固形茶の製造を禁止したのです。

代わって散茶《さんちゃ》（リーフティー）が主流となり、茶葉を熱湯に浸して抽出する現代の淹茶法の原型となる飲み方が広まり、喫茶の習慣が庶民層にも定着していきました。

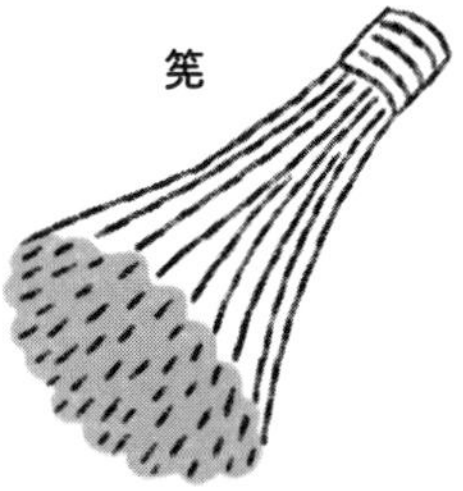
筅

清の時代（１６４４−１９１２年）になると、西洋人の嗜好にあわせ、半発酵茶（烏龍茶）や全発酵茶（紅茶）の製法も確立。茶道具も揃い、中国茶のスタイルが完成しました。

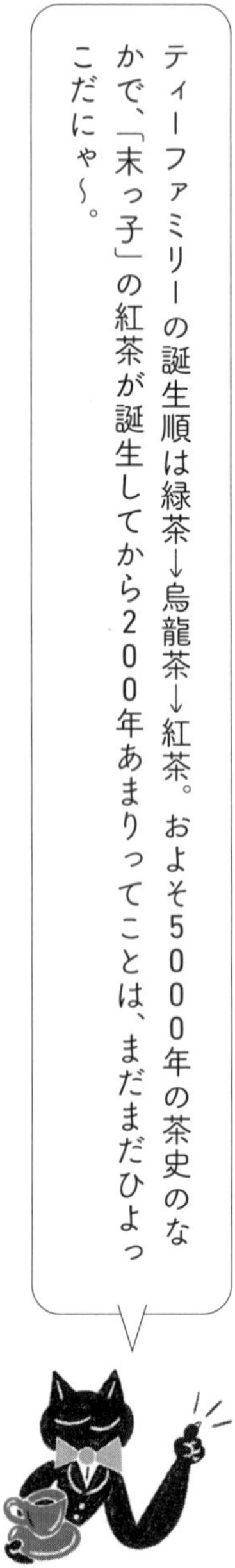
ティーファミリーの誕生順は緑茶→烏龍茶→紅茶。およそ５０００年の茶史のなかで、「末っ子」の紅茶が誕生してから２００年あまりってことは、まだまだひよっこだにゃ〜。

Column

賄賂と投機対象「団茶」の贅沢すぎる歴史

明代に贅沢すぎると禁止された団茶。

中国茶史上ではいったん衰退したものの、輸出用としての生産は続けられ、現在でも様々な形状の団茶を見ることができます。

団茶という呼び方は固形茶の総称で、現在の茶分類においては「緊圧茶」と呼ばれています（下画像）。

昔は人の手によって圧縮成型していましたので、茶師によって固さもバラバラだったようですが、現在は蒸し上げた茶葉を圧製機の型に入れ圧力を掛けて固めて成型します。

この中国製の団茶、ヨーロッパのお茶専門店で並んでいるのを見かけます。円錐状、碗状、煉瓦状、タイル状など、大きさも形も様々。固いお茶をどうやって飲んでいるのだろうと不思議に思って尋ねてみると、「オブジェとして飾るの、クールでしょ?」と、掛け軸と一緒に飾られた写真を見せてくれました。飲むためではなく、お洒落なインテリアとして人気があるようです。

日本でも、中国出張のお土産や、中国の取引先からの贈答品として、薄い円盤状に固めた餅茶をいただいたという話をよく耳にします。「あまりに固くて飲むこともできずに、紙に包んだまま長年置いてある」というかたも多いのですが、中には飲んでしまうのはもったいないような高級茶が潜んでいるかもしれません。

Break Time

お茶がBMWと同じ値段？

77ページでお伝えしたとおり、中国では、古くからお茶が賄賂として使われてきました。

唐代にはすでに、団茶の表面に龍や鳳凰の模様がつけられた献上茶が、金銭の代わりとして流通していました。

贅沢すぎるとして明代に禁止令が出ますが、お茶を賄賂とする習慣はいまだ廃《すた》れてはいません。

習近平政権になってから金銭の授受に関する取り締まりが厳しくなったため、いわゆる「付け届け」として、学校の先生や職場の上司などにお茶を贈ることが「暗黙のルール」として頻繁に行われているようです。

最近もSNSで「餅茶350gがBMW1台分の値段！」と話題になりましたが、**日本円で500万円程度の値は決して珍しくはなく、「投資茶」や「金融茶」と呼ばれる茶は1000万円以上の価格がつき、投資家たちからも熱い視線が注がれています。**

高級茶は以前から投機対象となっていましたが、コロナ禍でお茶の需要が高まり価格が高騰。古く熟成させたヴィンテージティーほど価値があがり、法外な値がつけられた天価茶なども出回り、高級茶バブルが湧き起こっています。

ロード・オブ・ティー Ep.2

日本編 日本茶と茶道の発祥を紐解く

▼ターム1 奈良〜平安時代 DNA解析によって判明したルーツ

いよいよ、中国から日本にお茶が渡ってきます！

お茶の伝来は奈良〜平安時代にかけて、中国に渡った遣唐使や留学僧によって、もたらされました。

ただ、日本茶のルーツに関しては、いまだに謎に包まれた部分も多く、茶樹についても「中国からの渡来説」のほか「日本に元々存在していた自生説」がありますが、現段階で有力とされるのが、滋賀県大津市にある「日吉大社」に伝わる説です。

『日吉社神道秘密記』には、平安時代の延暦24年（805年）、**伝教大師最澄が、中国（唐）から一握りの茶の種子を持ち帰り、比叡山のふもと、大津の里に植えたと記録されています。**

現在も日本最古の茶園「日吉茶園」としてチャの木が植えられていて、比叡山延暦寺の仏事に供えられています。

2020年、東京大学の研究グループが、日吉茶園で栽培される茶樹のDNA鑑定を行った結果、中国浙江省天台山に現存する茶葉と同種であることに間違いないと認定しました。遺伝子研究が進み、ゲノム解析から植物のルーツが解明されるとはロマンを感じます。

日本国内の文献に残る最古の記述としては、日本に茶がもたらされてから10年後、815年に記された『日本後記』に

「嵯峨天皇に大僧都《だいそうず》永忠《えいちゅう》が近江（現在の滋賀県大津市）の梵釈《ぼんしゃく》寺《じ》において茶を煎じて奉った」

とあります。

この時代、お茶そのものが大変貴重で、皇族や貴族、僧侶といった限られた階級の人しか口にできず、一般に広まることはありませんでした。

『日吉社神道秘密記』

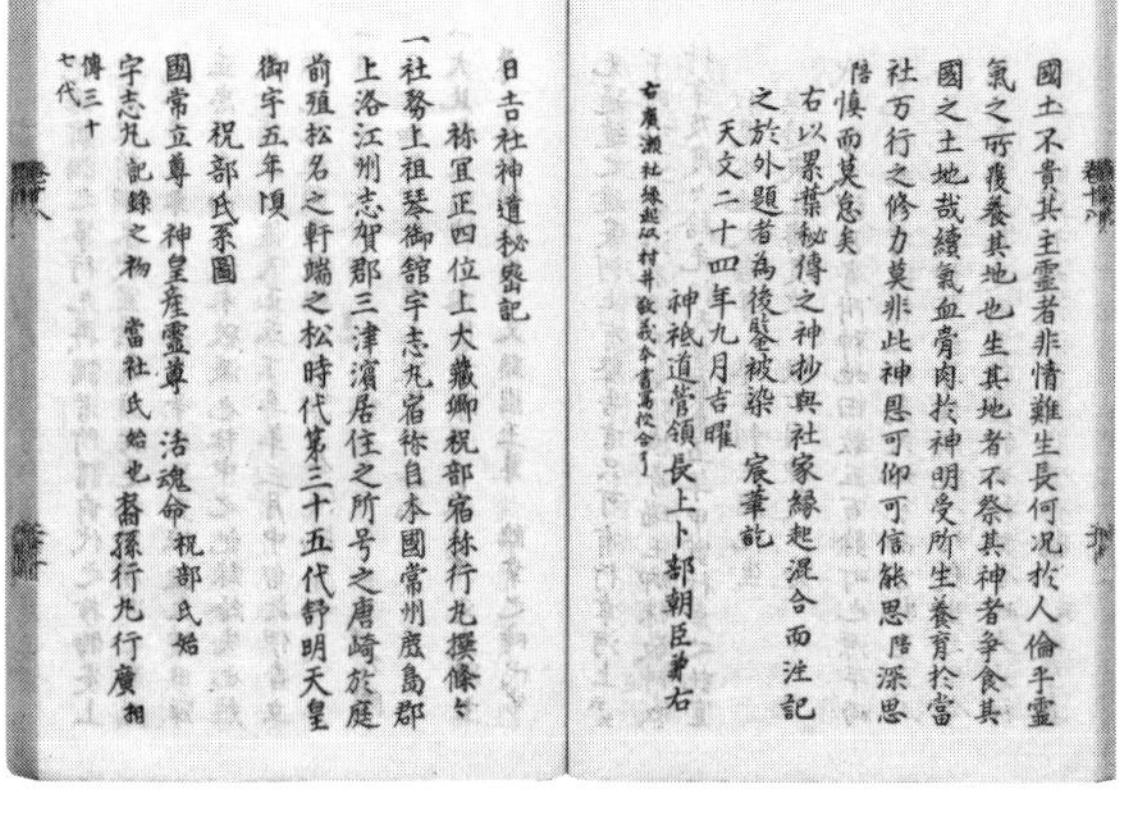
國土不貴其主霊者非情難生長何况於人倫乎霊
氣之所復養其地也生其地者不祭其神者争食其
國之土地哉續氣血骨肉於神明受所生養育於當
社万行之修力莫非此神恩可仰可信能思陪深思
陪慎而莫怠矣
右以累葉秘傳之神抄與社家縁起混合而注記
之於外題者為後鑒被染　宸筆訖
天文二十四年九月吉曜
神祇道管領長上卜部朝臣兼右
古廣瀬社縁起以村井敬義本書寫校合了

日吉社神道秘密記
祢宜正四位上大藏卿祝部宿祢行丸撰條々
一社務上祖琴御舘宇志丸宿祢自本國常州鹿島郡
上洛江州志賀郡三津濱居住之所号之唐崎於庭
前殖松名之軒端之松時代第三十五代舒明天皇
御宇五年頃
祝部氏系圖
國常立尊　神皇産霊尊　活魂命祝部氏始
宇志丸記録之初　當社氏始也裔孫行丸行廣相
傳三十
七代

お茶のいれ方は、**沸騰した湯に茶葉または粉茶を入れて煮出す「煎じ茶」**でした。

しかし、遣唐使の廃止とともに茶文化は一度衰退し、以後300年にわたり文献に登場することはありませんでした。

▼ターム2　鎌倉時代　茶祖・栄西によってお茶ブームが到来

鎌倉時代に入ると、お茶が再び脚光を浴びます。

火付け役となったのは、臨済宗の開祖であり、茶祖とも呼ばれる**栄西禅師**です。

厳しい禅修行では、煩悩の中でも最も辛い睡眠欲を消すために「茶礼《されい》」と呼ばれる儀式があり、覚醒効果をもたらす濃い抹茶を飲むことによって集中力を高めていたといいます。

1191年（建久2年）、**栄西によってもたらされた茶の種子が、京都の栂尾《とがのお》にある高山寺に植えられ、「宇治茶」の起源となりました。**

そして、この時代に伝わった「**粉茶を筅でかき混ぜる抹茶法**（点茶

煎じ茶

法)」が茶の湯へとつながったのです。

　お茶の効能について感銘を受けた栄西は、1211年『喫茶養生記』を記しました。

「茶は末代養生の仙薬なり……」と始まるこの書は、日本初の茶書でもあり、鎌倉時代を代表する医書のひとつとして、その後も読み継がれています。

　この本は武家社会でベストセラーとなり、武士たちの間にお茶を飲む習慣が広まります。そのきっかけを作ったのが鎌倉幕府第3代将軍の源実朝です。

　1214年(建暦3年)深酒の癖がある将軍が二日酔いで苦しんでいると聞いた栄西は、一杯のお茶を勧めたところ体調がすっかり回復したといいます。

　このとき、茶と一緒に献上したのが『喫茶養生記』。そこから喫茶趣味が流行したのです。

『喫茶養生記』(入間市博物館所蔵)

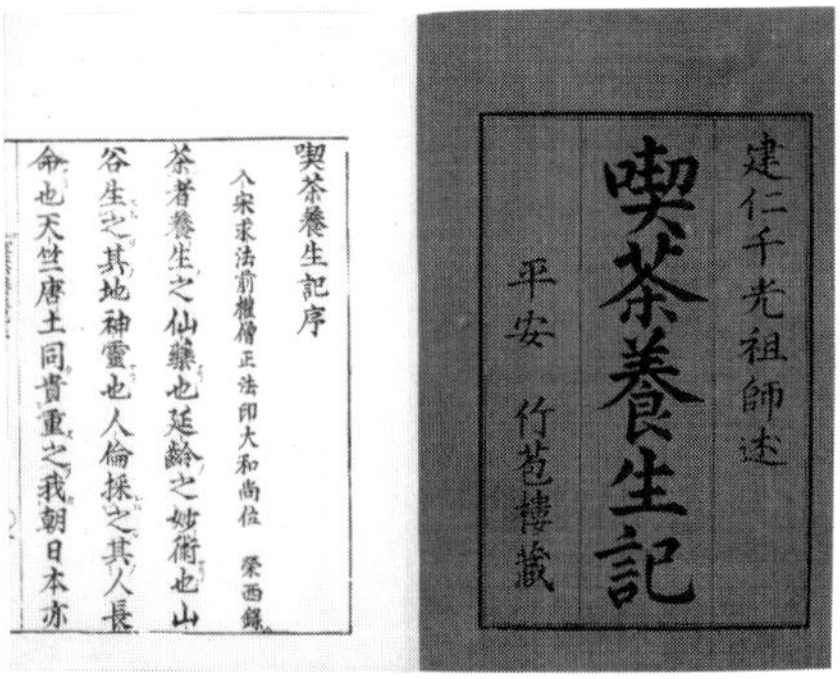

▼ターム3　南北朝時代　ギャンブル化した茶

南北朝時代に入ると、利き茶によって茶産地を当てる「闘茶」が盛り上がります。

茶栽培の産地が京都以外にも広がり、茶の風味に違いができることによって生まれた茶会です。

初期の頃は、栄西が持ち帰り栂尾に植えた茶を「本茶」、それ以外の産地の茶を「非茶」とし、本非を飲み当てる上流階級の流行り遊技でした。茶葉の種類が増えると同時にルールも増えていき、景品として高価な唐物の茶道具などが出されるようになりました。

次第に賭け事としての側面が強くなり、賭け茶屋が多く誕生し遊興化、茶歌舞伎として商人や市民にまで広がりをみせるようになります。

財を潰す者も現れるほど、人々を熱狂させた闘茶。室町幕府は禁止令を交付しますが、ブームは100年あまり続きました。

この闘茶、現代でも寺院の行事や茶事の余興として受け継がれています。

▼ターム4　室町時代　武士の嗜みとしての茶

室町時代に入ると、おもてなしとしての茶が誕生します。

3代将軍足利義満（1358-1408）は、「金閣寺」に代表される豪華絢爛な北山文化を築く一方で、「宇治七茗園」という優れた茶園を作り、宇治茶の栽培に力を注ぎました。

義満の孫にあたる足利義政は、「銀閣寺」に茶室の起源となる「同仁斎」を建立し、東山文化を築き上げます。書院造りの座敷に茶道具や掛け軸などを飾り、それを愛でながらお茶を愉しむ社交の茶会は「書院の茶」と呼ばれました。これは中国で行われていた禅の儀式である茶礼の影響を受けたもので、茶道の源流にもなっています。

15世紀後半、茶道の祖とされる村田珠光《じゅこう》が新しいスタイルを提案します。

豪華な道具を揃えた宮中茶会から離れ、質素簡潔で粗末ともいえる道具を使い、**不完全なもの、完璧ではないものにこそ、美を見出す「不足の美」という美意識**を提唱しました。

侘び茶の精神は、茶人・武野《たけの》紹鴎《じょうおう》に引き継がれ、**弟子であった千利休（1522-1591年）に至り、日本の伝統文化「茶の湯」を確立しました。**

村田珠光
（1423-1502年）
京都の大徳寺にて、アニメ「一休さん」のモデルとされる一休宗純《そうじゅん》のもとで禅の修行をし、「茶禅一味」（茶と禅の精神を統一）という新境地を開き、「侘び茶」の精神を確立します。

完成を遂げた茶の湯の文化は、江戸幕府の正式な儀礼として取り入れられ、武士にとって必要な嗜みとなったのです。

武士がサラリーマン化していく中、出世をするためには文武両道が求められました。貴族趣味としての教養（Culture）を持ち合わせていなかった武士たちにとっては、茶の湯（Tea Ceremony）は礼節を身につけるための「新しい教養」と位置づけられたのです。

▼ターム5　江戸時代　煎茶の生まれ故郷

江戸時代に入ると、徳川将軍家が愛飲する御用達のお茶を茶壺に入れ、宇治から江戸へと運ぶ恒例行事「御茶壺道中」が始まります。

まずは空の茶壺を携えて江戸を出発し東海道を進み、宇治で新茶を詰めたあと、中山道を通って江戸へと向かいます。ときに1000人以上にも及ぶ大行列が通る際には、大名行列さえ道を譲らねばならず、庶民は道端でひれ伏して迎えたといいます。

一方、庶民にもお茶が浸透してきましたが、献上茶とは全く異なるものでした。そ

「茶の湯」の系譜

村田珠光 ― 武野紹鷗
- 千利休 ― 千小庵 ― 千宗旦
  - 千宗左（表千家）
  - 千宗室（裏千家）
  - 千宗守（武者小路千家）
- 織田信長
- 豊臣秀吉
- 古田織部 ― 小堀遠州

れは中国から伝えられた新しい飲み方で、リーフティーに熱湯を注ぎ、煎じて飲むという「**淹茶《えんちゃ》法**」です。抹茶のように道具や手間が必要な茶道とは違い、いつでもどこでも気軽にお茶を味わうことができるようになったのです。

ただし、このリーフティーの茶葉は緑色ではなく、まさしく茶色で味も粗末。

そこで、のちに「煎茶の祖」と崇《あが》められる宇治の永谷宗円《ながたにそうえん》は、15年の月日をかけて研究を重ね、1738年「**青製煎茶製法**」（次ページ図）を考案します。

生葉を蒸し、揉みながら乾燥させることによって、茶色だったお茶の水色を美しい緑色に変えただけでなく、香り高く味わい豊かな煎茶を作り出しました。

この製法は宇治製法と呼ばれ「日本茶」のスタンダードとなり、宇治茶は日本中の茶の間に浸透していきました。

「煎茶趣味」と呼ばれる新しい風流の茶は江戸から全国へと急速に広まり、煎茶道も生まれました。

庶民にも親しまれるようになった煎茶は、明治時代には日常の習慣として定着。日常茶飯事という言葉に象徴されるように、日常のごくありふれた存在になったのです。

『お茶壺道中』

梶よう子著／KADOKAWA

御茶壺道中に憧れ、葉茶屋の奉公人となった仁吉。お茶を愛する商人の一途な想いは、だれに届くのか。お茶が映し出す江戸と、幕末の変遷を描いた長篇小説。

青製煎茶製法はここが違う！

A

中国から伝来した
釜炒製法

葉
↓
炒る
↓
乾燥
↓（茶色になってしまう）

B

永谷宗円が考案した
青製煎茶製法

葉
↓
蒸す
↓
揉みながら乾燥
↓（鮮やかな緑色に）

B の「蒸し製煎茶」が現在のスタンダードに

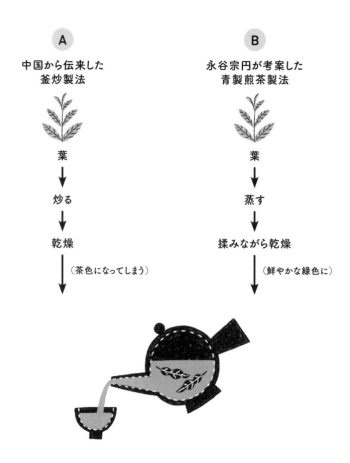

明治期以降の日本の茶史については、
１５７ページ〜で解説するにゃ。
いよいよ日本に紅茶文化がもたらされるにゃ。
気になるかたは、ページをめくってタイムスリップ！

Column

日本茶の生みの親「山本山《やまもとやま》」から学ぶビジネス哲学

「上から読んでも山本山。下から読んでも山本山」

ユーモラスなキャッチコピーでお馴染みの山本山といえば、海苔というイメージがありませんか？

実は、山本家は宇治煎茶を世に広めた「日本最古の煎茶商」であり、「玉露の生みの親」でもある日本茶を語るうえで重要な一族です。

創業は元禄3年（1690年）。

初代**山本《やまもと》嘉兵衛《かへい》**が「宇治の美味しいお茶を多くの人に味わってほしい」と上京し、

日本橋に茶舗を構えたのが事業のはじまりです。

元文3年（1738年）、四代目山本嘉兵衛のもとへ宇治から一人の茶師が訪ねてきます。のちに煎茶の祖と呼ばれる永谷宗円です。宗円は15年の歳月をかけて完成させた煎茶を携え江戸へ向かいましたが、今までの茶の概念を覆す新しい茶に興味を示す茶商はおらず、最後にのぞみをかけたのが嘉兵衛でした。この煎茶の価値を見抜いた四代目はその茶を小判3両で買い取り、販売の請け負いを約束しました。

宗円の茶を「天下一」と名付け販売したところ、江戸八百八町に流行し、その名は全国へと広がりました。

同時に、山本山の名を天下不動のものとし、莫大な利益を得た山本家は、永谷家に対して、御礼として小判25両を100年以上にわたって贈り続けたといいます。

●300年にわたり継承され続ける老舗哲学

山本家の功績はそれだけでは終わりませんでした。

五代目嘉兵衛徳潤《とくじゅん》は「狭山茶の恩人」として知られています。

川越藩の領地だった狭山丘陵一帯で栽培されていた狭山茶は、宗円が生み出した宇治製法を積極的に取り入れました。狭山茶を飲んだ五代目は「これは宇治茶に劣るものではない。多くの人に紹介しよう」と販売に力を注いだ結果、狭山茶は「**色は静岡、香りは宇治よ、味は狭山でとどめさす**」と謳われ、「静岡茶」「宇治茶」と並び「日本三大茶」と呼ばれるほどになったのです。

六代目の嘉兵衛徳翁《とくおう》は、「玉露の生みの親」。

天保6年（1835年）、当時18歳だった六代目が、宇治の木下家で製茶に立ちあっていた際、みずから蒸葉を揉んでいるうちに玉のような形になったそうです。試飲してみると、甘露のような味わいと上品な香りを持つ極上の茶に仕上がったため、「玉露」と名付けて売り出したところ、江戸の大名や旗本たちから愛飲され、日本を代表する高級茶になりました。

創業３３２年、現在の山本山は十代目となる山本嘉《か》一《いち》郎《ろう》氏が日本橋の地で事業を継承しています。

九代目がはじめた海苔の販売によって、お茶よりも海苔のイメージが強いですが、１９７０年にはブラジルでの茶栽培を、１９７５年にはアメリカに現地法人を設立し、お茶とハーブを扱うThe Stash Tea Companyを買収し販路を拡大。２０１８年には、新たな挑戦として旗艦店「ふじヱ茶房」を日本橋にオープンさせています。

「江戸の文化と味を未来につなぐ」。次の３００年後の未来を見据えた言葉には重みがあります。

初代の「美味しいお茶を多くの人に届けたい」という思いは、時代ごとの変革を続けながら継承されています。世の中の人々が何を求めているかを常に考え、お客様が欲している商品をいち早く届ける。３００年もの間、脈々と受け継がれてきた姿勢から、相手のニーズにこたえる力こそ、すべてのビジネスの基盤であるという哲学を学び取ることができます。

Chapter 3

真の教養人として身につけたいお茶の歴史

〚イギリス編〛

ロード・オブ・ティー Ep.3

イギリス編　紅茶とアフタヌーンティーの発祥を紐解く

「イギリスは紅茶の国」

世界中の誰もが、そんな優雅なイメージを思い描くのではないでしょうか。

〝……ってことは、イギリスで美味しい紅茶が採れるってこと？〟そう思った、あなた。残念！　イギリスは緯度が高すぎて、茶葉の栽培には適していません。

〝じゃあ、紅茶発祥の地とか？〟これも実は勘違い。

「茶は東にありき」。Chapter 2で述べたとおり、発祥は中国でしたよね。

さらにいえば、イギリスは紅茶の消費量や輸入量が世界一多いわけでもありません。

では、ここで問題。**なぜイギリスは紅茶の国といわれるのでしょうか？**

本章では、イギリスが紅茶の国になるまでのヒストリーを紐解いていきます。みなさんは質問の答えを考えながら読み進めてください（正解は本章のラストで発表します）。

ようやく紅茶の時間(ターム)。中国、日本と旅してお茶の歴史を学んできたみなさんなら、紅茶史がより面白く感じるはず。長旅になるにゃ。紅茶とビスケットを用意して、ごゆっくりどうぞ。

▼ターム1 17世紀大航海時代① 世界初のグローバルカンパニー「東インド会社」と茶

中国で発祥したお茶は、ティーロードを西へと進み、ヨーロッパへ辿り着いたのは大航海時代幕開け後の17世紀です。

ヨーロッパにおけるお茶の歴史は400年あまり、5000年に及ぶ茶史の中では新参者の存在です。

このタームの主役は、世界史の教科書に登場した「東インド会社」。歴史が苦手というかたでも、名前くらいは憶えているのではないでしょうか。

大航海時代を迎えたヨーロッパの国々では、莫大な利益を生み出す香辛料や絹織物などアジア交易を特権的に行う巨大商社を競って設立しました。

それが東インド会社です。**「国家の中の国家」とも呼ばれ、事業だけにとどまらず、軍事・外交・行政にまで力を及ぼす、史上最強のグローバルカンパニーです。**

1600年、エリザベス1世から特許状を受け誕生した「イギリス東インド会社」は、「航海ごとに出資金を募り、得た利益を分配する」という仕組みを作りました。ただし、このシステムにはリスクが潜んでいました。

無事に航海から帰ってきたら配当が出ますが、失敗した場合は大損失を被る、いわば賭け事のような側面があったのです。

そこで、1602年に設立された「オランダ東インド会社」は、航海ごとの単発一攫千金ではなく、複数の航海で得た利益を分配する継続的なシステムを考案しました（左図）。これによって出資者はリスクが大幅に軽減され、事業者は長期的なスパンで経営計画を立てることができるようになりました。

この継続的な投資システムが現在の「株式会社」の原点となったことから、「世界初の株式会社」といわれています。Share という単語には「株」という意味がありますが、利益を分かち合う合理的な仕組みがこの時代に生まれたわけです。

オランダ東インド会社の継続的な利益分配システム

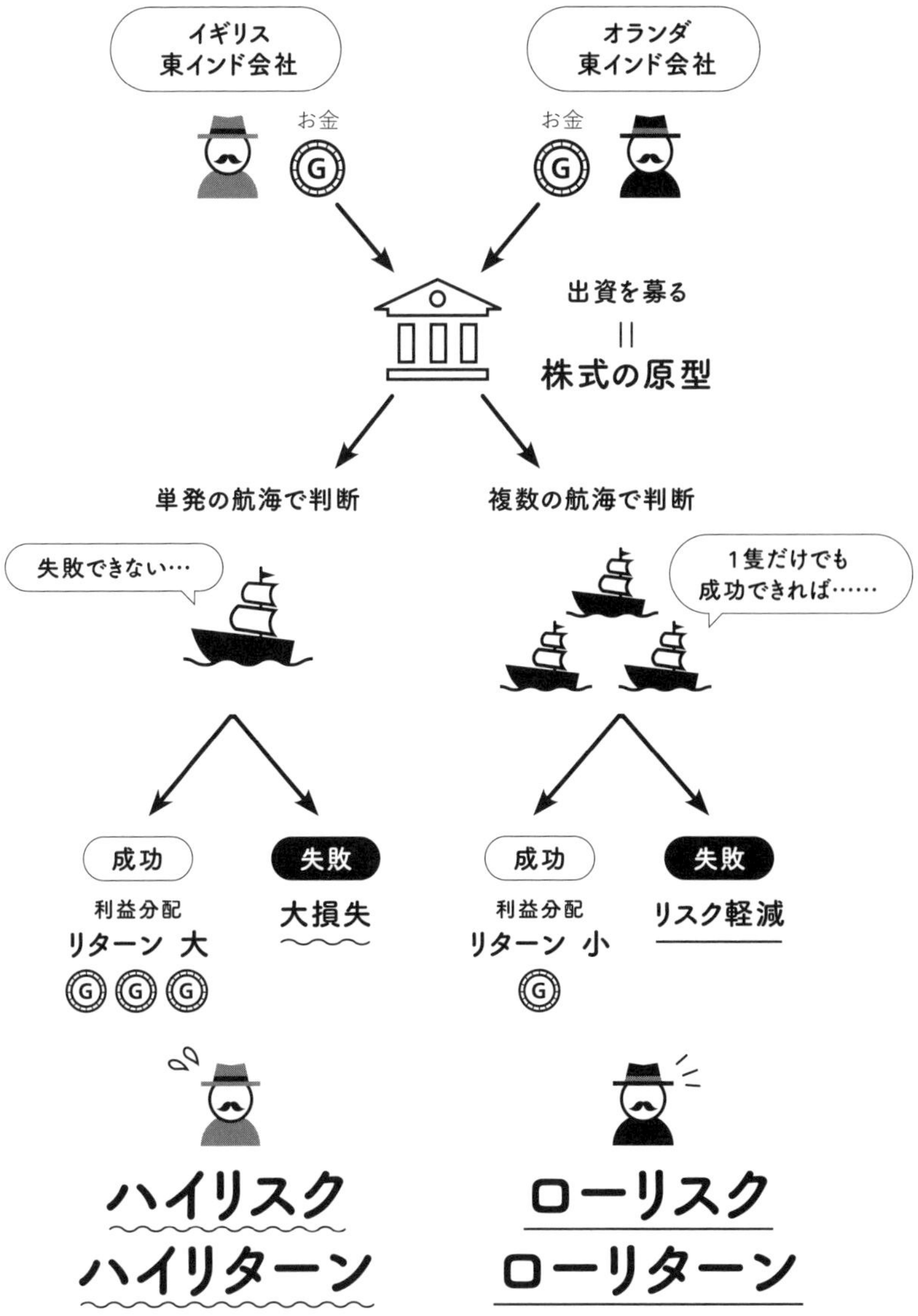

17世紀初頭、香辛料貿易の覇権争いに勝利したオランダ東インド会社は、アジアの数か所に商館を設置します。そのひとつが黄金の国・ジパング、つまり日本でした。そして1610年、その日本から時代を変える新たな飲み物「茶」をヨーロッパにもたらすことになります。

▼ターム2　17世紀大航海時代②　王侯貴族たちを熱狂させた日本の緑茶

ヨーロッパにお茶が渡ったのは、17世紀に入ってからのこと。**1610年、日本の長崎・平戸からオランダ東インド会社の船によってアムステルダムへと運ばれたのがはじまりとされています。**

この時代、まだ紅茶は誕生しておらず、**ヨーロッパに渡ったのは緑茶でした。**初めて目にする神秘的な茶。日本の茶道の真似事を取り入れ、緑茶を受け皿に移し、音をたてて啜《すす》り飲んだといいます。

ここで、お茶がヨーロッパへ伝播した経緯を辿っていきましょう。

1498年、ヴァスコ＝ダ＝ガマがインド航路を発見する以前から、東洋と西洋の交易はシルクロードを通じて行われていましたが、不思議なことにお茶が伝わったという史実は残されていません。さらに、マルコポーロの『東方見聞録』にもお茶に関する記述が一切ないのです。

茶に関する情報が入ってきたのは16世紀に入ってから。ヨーロッパの文献において最も古い茶の記述は、1559年にイタリア人ジョヴァンニ・ラムージオによって書かれた『航海と旅行』に登場します。

「中国では、茶という薬用植物を集め、乾燥させ煮出した汁を飲んでいる。煎汁は熱病、頭痛、胃痛、関節痛、ほか覚えきれないほど多くの病気に効く」と紹介されています。

茶という飲みものに関しての断片的な情報を得たヨーロッパの人々は、さらに「黄金の国ジパング（日本）」にやってくると、驚きの光景を目にします。

時は安土桃山時代。まさに茶の湯の文化が花開いていた日本。

そこでは、たった一杯の茶を飲むために、専用の茶室を設《しつら》え、鉄釜や茶壺、茶筅、茶杓《ちゃしゃく》、といった古めかしい道具を宝物のように並べ立て、茶碗をくるくるとまわすという何とも神秘的な所作の儀式を行っていたのです。

17世紀、西洋の人々にとって、東洋の国々はエキゾチックで謎に包まれた存在でした。

当時のヨーロッパでは、食事をするときには手づかみ、もちろんマナーなどもありませんでしたので、東洋の高い文明、そして文化に触れ、カルチャーショックを受けると同時に、強烈な憧憬を抱くようになります。

そこから、**「東洋趣味＝シノワズリー」が一大ブームとなります。**

中でも茶の存在は、王侯貴族たちを魅了する「東洋文化の象徴」とされたのです。お茶が渡った初期の頃は、万病に効く秘薬として広まりました。神秘的な茶を服することで、王は不老不死の身体、女王は永遠の美と若さが手に入ると信じられていたのです。

お茶が薬局で治療薬として扱われるようになると、情報はどんどん誇張され、飲めば飲むほど薬効が高まると、中国産の茶壺（急須）を使って緑茶をいれ、小さな茶碗で一日に**何十杯ものお茶を飲んでいた**といいます。

この時代、贅沢病といわれた痛風に悩まされていた王たちにとっては、茶は神秘的な秘薬だったんだにゃ〜。

宮廷に喫茶の習慣をもたらした「英国王の浮気」

イギリスの宮廷にお茶を飲む習慣を持ち込んだのは、1662年、ポルトガルの名門王家ブラガンサ家からチャールズ2世に嫁いだキャサリン妃です。

政略結婚としてお輿《こし》入れした彼女は、膨大な持参金を持ってやってきます。

インドのボンベイ、モロッコのタンジール地方などの領地のほか、誰もが驚いたのが3隻もの船底のバラストとして、銀の代わりに積まれた領地ブラジル産の貴重な砂糖でした。

言葉も通じない遠い異国の地へ嫁ぐ娘のことを想う親心でしょうか、嫁入道具の中には、茶箱に詰めた茶と茶道具もあり、英国ポーツマス港に到着するとすぐに、船酔いの薬としてお茶をいれるよう要求したことから"The First British Tea-Drinking Queen"と呼ばれました。

〝陽気な国王〟とも呼ばれた若くハンサムなチャールズ2世には多くの愛妾《あいしょう》がいて、新婚のキャサリン妃は一人寝室でお茶事をして寂しさを紛らわせていました。

故郷ポルトガルに想いを馳せ、貴重な中国のお茶に惜しげもなく砂糖を入れ、茶道具を使って愉しむ姿。それは本人の想いとはうらはらに、傍からみると非常に贅沢で洗練されたスタイルに映り、みなが真似事をはじめたといいます。

やがてキャサリン妃は貴婦人がたを招き、宮廷内でお茶会を開くようになります。

幼少期からポルトガル王家で慣れ親んだ作法で、中国製の茶簞笥に茶器を並べ、朱泥《しゅでい》や紫泥《しでい》の茶壺と

ハンドルもソーサーもない茶碗を使って、贅の極みともいえる砂糖入りのお茶をパンとともに振る舞いました。このようなお茶の時間だけが、心やすらぐひとときだったのです。

イギリスでの生活に馴染めなかったキャサリン妃は子宝にも恵まれず、チャールズ2世が他界後、英国王室内に〝お茶会〟という宮廷喫茶のしきたりを置き土産として、ポルトガルへ帰国しました。

この贅沢なお茶会の習慣は宮廷内から貴族へと広まっていき、社交としての意味合いが強まっていきました。

また、**日本の茶道をお手本にしたお茶会の真似事も流行しました。**

東洋風に設えたシノワズリールームに、海を渡って運ばれてきた茶道具一式を整然と並べ、トップモードのキャラコを身に纏い、扇子を片手に日本の有田や中国の景徳鎮の小さな茶碗に緑茶を入れて茶会を開く。当時では、こうしたお茶会が最高にファッショナブルなステイタスシンボルだったのです。

「シノワズリー茶会」をトレンドに引き上げたアン女王

英国王室の中でも、大のお茶好きとして有名なのが1702年に即位したアン女王です。大の美食家で、公務の間もティーカップを離すことがなく、彼女もまた"Drinking Queen"という呼び名がつけられた一人でした。

朝、お目覚めの一杯をベッドに運ばせる「ベッドティー」や、朝食の際に紅茶を嗜む**「モーニングティー」の習慣も、アン流のライフスタイルから発祥したもの**です。

姉のメアリー2世の影響もありシノワズリー愛好家だった彼女は、ウィンザー城に専用のお茶室を構え、お気に入りの家具や調度品で設え、陶磁器を飾る専用のチャイナキャビネットに伊万里コレクションや茶道具一式を並べて、お茶会を開きました。

アン女王は茶道具にも革新的な変化をもたらしました。クイーンアンスタイルと呼ばれる**銀製ティーポット**の誕生です。

17世紀、キャサリン王妃が宮廷内に広めた中国式の淹茶法は、中国で最高級の茶器とされていた中国・江蘇省宜興産の「紫砂茶壺」という小さな急須を使って緑茶をい

アン女王　(Queen Anne)

(1665-1714年)

イギリスの女王(在位1702 -1714年)。ステュアート朝最後の王。ジェームズ2世の王女で新教徒。名誉革命では姉メアリとともにウィリアム(オランダ総督ウィレム)の側につき、ウィリアム3世の死後即位しました。

れるというものでした。

社交家として人気のあったアン女王の催すお茶会には、つねに大勢のゲストが集まり、中国製の小さな茶器では容量が足りず、おもてなしのために大きな急須が必要になりました。とはいえ、イギリスにはまだ磁器を焼く技術がありません。

そこでアン女王は、王室御用達の銀職人に純銀のシルバーで、高貴な洋梨型のシェイプをしたティーポットを作らせます。

そのティーポットに茶葉を入れ、蓋をして蒸らすという英国式のティーメイク法でゲストにお茶を振る舞ったのです。

また、**ポットにあわせて茶入れ**（ティーキャディ）**や茶杓**（キャディスプーン）**もシルバーで作られるようになり、英国銀器の世界が磨かれてゆくことになります。**

この時代、特に珍重されたのが**磁器と漆器**です。

磁器のことはChina、漆器のことはJapanと呼び、どちらも宝石と同じような価値で取引されました。

クイーンアンスタイルの洋梨型ティーポットは、シンプルながら洗練された曲線美が特徴。今でも世界中で愛されているスタイルです。

磁器に関してはのちに技法が解明され、ヨーロッパ独自のデザインに発展を遂げましたが、漆器に関しては原料の漆が産出できなかったこともあり、再現することができませんでした。

上質な漆器ほどヨーロッパの乾燥した気候にはあわず、収集家を悩ませました。深みのある漆黒は手の届かない遠い存在。だからこそ、「漆器＝Japan」は今もなお心突き動かされるのです。

東洋趣味の家具や茶道具で設えた「シノワズリースタイル」の茶室を作り、女性同士が集まってファン（扇）を片手にお茶を嗜み、茶道具を愛でながら、おしゃべりを愉しむ。トレンドリーダーであるアン女王のライフスタイルに憧れ、贅沢で優美なティーパーティーが宮廷内から貴族階級へと広がっていきました。

この習慣はやがて、アフタヌーンティーと呼ばれる華やかな紅茶文化を花開かせていくことになります。

▼ターム3 17世紀〜18世紀前半 一気に花咲く紅茶ビジネス

上流から下流へ。いつの時代も流行の広がりとともに、お金の匂いをかぎとって事業に落とし込む人はいる。現代のビジネスシーンに置き換えて参考にするにゃ。

保険会社ロイズの誕生

17世紀のイギリス、意外な場所でもお茶ブームが生まれました。

コーヒーハウスです。今では世界経済の中核を担う金融街ロンドン・シティ・エクスチェンジアレイに次々と開店しました。

コーヒーハウスといっても単なるカフェではなく、ジェントルマンが集う社交の場、**「女人禁制の男性天国」**といわれていた場所です。

入場料1ペニーさえ払えば、最新メディアであった新聞を自由に読むことができ、階

級を問わず、政治家・学者・ジャーナリスト・商人まで異業種交流ができ、有益な情報が手に入ったため、1ペニーで行ける大学「ペニーユニバーシティ」ともいわれていました。

人気の秘密は情報だけではありません。それは、当時最先端だった嗜好品「コーヒー、茶、ショコラ」を口にできることでした。

コーヒーハウスで市民にお茶が浸透した背景には、いくつかの理由があります。

17世紀、オランダ東インド会社が茶の輸入を開始すると、茶貿易の独占を巡ってオランダとイギリスの間で3度にわたり英蘭戦争が勃発。イギリスが覇権争いに勝利し、茶の直接取引が可能になりました。すると**今まで飲んでいた緑茶とは風味が異なる発酵茶の存在を知るようになります。**これが英国人の嗜好にマッチしたのです。

そのうえ、**「万病に効く薬である茶は、ロンドンの人口の4分の1を死に追いやった大疫病ペストにも効果がある」**と噂が流れ、瞬く間にジェントルマンの間にも広まっていきました。

なぜ、コーヒーハウス？

当時上陸した3種の嗜好品の中で、オランダに独占されていた茶よりもひと足早くコーヒーが広まったから。実際のところ、茶のほうが人気が高かったといいます。もし、茶がコーヒーより先に上陸したら「ティーハウス」だったかも？

そんなコーヒーハウスには、店ごとに特徴がありました。

たとえば、**お茶をいち早く紹介した「ギャラウェイ・コーヒーハウス」では、証券取引が行われていました。**船主と出資者を引き合わせる取引の舞台となり、のちのロンドン証券取引所へと発展しました。まさに「資本主義経済の実験場」だったのです。

また、ロイズ・コーヒーハウスには船主や荷主が多く集い、船舶保険業務を担うようになったことから、世界有数の保険会社である**「ロイズ」**が生まれました。

この当時、保険会社はなく、金融業者や貿易業者が個人で保険を引き受けていました。船舶の荷物など大きなリスクを伴う保険は引き受け手を探すのが困難でした。そこで、ロイズ・コーヒーハウスは、船舶情報を掲載した『ロイズ・ニュース』を発行して客に提供し、海上保険を取り扱うようになったのです。

ロイズ・コーヒーハウスは商取引の場でありながら、先述した有識者のサロンとしての機能を果たし、新聞や広告も回覧されていたことから、政党、ジャーナリズムから芸術に至るまで、「ジェントルマンのサロン」として社会的に大きな影響を及ぼしました。

17世紀、ロンドンのコーヒーハウス。お茶を求める声の高まりとともに、最盛期には3000軒ものコーヒーハウスがロンドンにありました。(Bridgeman Images／時事通信フォト)

Column

紅茶誕生説
「船底で発酵して偶然的に紅茶ができた」の謎

「昔、中国で船積みしたお茶をイギリスへ運ぶ航海中、赤道直下であるインド洋の高温で船底の緑茶が発酵し、偶然的に紅茶が生まれた」

こんな話、聞いたことがありませんか?

ロマンティックでいかにも信じたくなるようなストーリーですが、この船上発酵説は誤ったエピソード。

緑茶は製造のプロセスで熱を加え発酵を止め、酸化酵素を失活させているため、いくら船底が高温とはいえ、全発酵まで進むことはないのがその理由です。

仮に何らかの反応が起こり変質したとしても、半発酵茶の烏龍茶が生まれたというのなら可能性がないわけではありませんが、紅茶が偶然的に誕生したというのは、理論上説明がつかないのです。

実は、**紅茶誕生に関しては中国でも諸説あり、いまだ解明に至っていないのが現状です**。

紅茶発祥の地「世界紅茶的始祖」とされる福建省武夷山市星村鎮桐木村にはこんな話も語り継がれています。

桐木村は古くからイギリス輸出用の緑茶を作っていました。

中国が明代から清代へと移行する17世紀の混乱期、村人達が茶屋に集まって茶を作っていたところ軍隊が進行し、製造工程が途中でストップしてしまいました。

軍が立ち去った後、茶屋に戻ってみると、茶葉は発酵が進み、黒く変色していましたが、貴重な茶葉を無駄にしたくないと考えた村人たちは、湿った茶葉を乾燥させ商人に売りつけました。

その発酵が進んだ、いわば失敗作のお茶がヨーロッパに渡ると、不発酵の緑茶と比べて硬水でもパンチのある抽出ができることや、砂糖やミルクにも合うなどの理由から、意外にも好評で次々とオーダーが入ったそうです。

「このお茶の種類は？」と聞かれ、**茶葉の色から黒いカラスに喩えて「烏茶」と答え、それが「Black Tea」紅茶の誕生につながり、語源にもなった**といわれています。

●ユーザーが求めるものを売る

さらに、この説には興味深いおまけもあります。

乾燥させるために集めてきた木がたまたま松の木で、それを焚いたところ、茶葉が煙を吸収し、独特の燻香《くんこう》になったといいます。

中国人は「漢方薬の臭い」といって誰も興味を示さなかったこのお茶ですが、イギリス人にとっては「オリエンタルでエキゾチックな香り」として、上流階級の間でフィーバー。

それが、日本人の間では「正露丸の紅茶」といわれている、あの「**ラプサンスーチョン**」です。

ラプサンスーチョンを飲めば、英国紳士の仲間入りだにゃ。
初めてのかたはティーバッグがオススメ。

おそらく、偶然的に出来上がったお茶は半発酵茶と考えられます。

紅茶・緑茶・烏龍茶という分類はあとから作られたものであって、当時のイギリス人は**茶葉が緑色のお茶を「グリーンティー（不発酵茶）」、黒っぽいお茶を「ブラックティー（発酵茶）」**と区別していました。

発酵の度合いが高ければ高いほど、高値で買い取ってくれることがわかった中国の茶師たちは、**彼らの嗜好にあわせて発酵度を高めていき、試行錯誤の末、18世紀に入って全発酵茶としての紅茶が誕生**したわけです。

似たような説が中国の他のエリアにも見られるため、信憑性はさておき、ここには学ぶべき姿勢があります。

マーケットはエンドユーザーの志向によって刻々と変わります。

金のなる木であったお茶も、単に生産者の都合や好みを押し付けるのではなく、イギリス人の不発酵から発酵への嗜好のシフトを見逃さず、需要の変化にあわせて創意工夫を行っていたことです。

発酵茶を「工夫茶」と呼んでいた中国人の知恵の賜物です。

初めてラプサンスーチンを飲むかたにお薦めなのが、フォートナム&メイソン(Fortnum & Mason)。百貨店やネットなどで購入できます。

トワイニングの「お役立ちビジネス」

紅茶史を語るうえで欠かせないのが、英国王室御用達「トワイニング」です。日本でも古くから親しまれていることから、カジュアルブランドと誤解されている人も多いのですが、**「トワイニングの歴史は英国紅茶の歴史」であり、由緒ある老舗ブランドです。**

18世紀、産業革命によって力をつけてきたイギリス社会には、新たな階級が生まれました。**上流階級と労働者階級の中間層にあたる、新興階級ブルジョワジー**です。

貿易業や製造業で成功した彼らは、称号は持たずとも経済的な豊かさを手に入れ、貴族さながらの生活をはじ

め、ステイタスシンボルとしてのお茶にも非常に興味を示すようになっていました。

　ここにビジネスの種を見出したのが初代**トーマス・トワイニング**です。

　イングランド西部グロスターシャーの街に生まれ、東インド会社の貿易業務に携わっていたトワイニングは「この先、必ずお茶は巨大ビジネスになる！」とにらみ、31歳のときに一大決心をして独立。ロンドン・シティのはずれ、ストランド通りにあったコーヒーハウスを買収し「**トムズ・コーヒーハウス**」をオープンさせ、新規事業をはじめます。1706年のことです。

　そう、当時はコーヒーハウス全盛期。まわりを見回すとコーヒーハウスは乱立し、まさ

BY APPOINTMENT TO HER MAJESTY QUEEN ELIZABETH II
TEA & COFFEE MERCHANTS R. TWINING AND COMPANY LIMITED. LONDON.

TWININGS™
OF LONDON

初代トーマス・トワイニング

トムズ・コーヒーハウス

画像提供：トワイニング・ジャパン株式会社

にレッドオーシャンでした。

他のコーヒーハウスとの差別化を図るために、お茶を出すだけではなく、自らテイスティングを行い厳選した良質な茶葉を取り揃え、**量り売りをはじめます。前職のキャリアを最大限に活かし、茶葉の販売も行ったのです。**

この戦略が大ヒットし、茶葉の売上を大きく伸ばしたトムズ・コーヒーハウスは事業を拡大。1717年には隣家を買い取り、トワイニングの前進となる英国初のお茶専門店「ゴールデンライオン」をオープンさせ、小売だけではなく卸売もはじめました。

さらにトワイニングは、お茶が王侯貴族のサロンで女性たちに愛飲されている事実に目をつけました。けれど、コーヒーハウスは女人禁制、女性は立ち入ることも許されていませんでした。

そこで「ゴールデンライオン」では男女の縛りをなくし、身分や階級を問わずに安心して茶葉を手に入れることができるようにしたのです。

ビジネスは急成長し、事業も拡大。1837年、トワイニングは紅茶専門店で初めての英国王室御用達の称号「ロイヤルワラント」をヴィクトリア女王より付与されま

チップの発祥

チップの習慣をいち早く取り入れたのもトワイニングの功績のひとつです。「T.I.P」（=To Insure Promptness、迅速なサービスを確保）と書かれた木箱にコインを入れると優先的にサービスを受けられるしくみは、大きな話題を呼びました。

した。

――創業３００年目を迎えた２００５年、ストランド本店を訪ねた際に、10代目の当主であるスティーヴン・トワイニング氏にお話をうかがう機会がありました。

「紅茶ビジネスを続けるうえで、一番大切にしていることは何ですか？」

そう尋ねると、**「世界中の品質の良い茶葉を厳選し、顧客が求めているものを商品として届けることが私の使命」**と答えられました。

それは、創業者トーマス・トワイニングが事業をはじめた頃の想いそのものです。

ファミリービジネスのむずかしさは、経営理念の踏襲です。事業継承を繰り返すうちに、真摯《しんし》な心が忘れ去られてしまうことも少なくありません。けれど、トワイニング家は伝統を大事にし、創業者の意思を脈々と受け継いできたのです。

４代目リチャード・トワイニングはボストン茶会事件の要因にもなった茶税の引き下げを英国政府に働きかけ、減税法を成立させ、紅茶の一般への普及に大きく貢献しました。そして、10代目となった今もなお新しいビジネスの種を模索し、謙虚な姿勢で挑戦を続けている姿に感銘を受けました。

トワイニング本店は、現在も300年前と同じ場所にひっそりと佇んでいます。

知らないと通り過ぎてしまうほど間口が狭く、鰻の寝床のような店構えをしています。

これは昔、間口に対して税金が課せられた時代の名残なのだそうです。

店の奥に行くと、トワイニング家のファミリーツリーやアンティークになったチップの木箱、茶葉を計測する秤、当時の貴重な顧客台帳や帳簿までが残され、トワイニング家と英国紅茶の歴史の重みを肌で感じることができます。

ロンドンへ行ったら、ぜひ足を運びたい場所です。

(右)トワイニング本店　(上)店内にはトワイニング家にまつわる資料や写真が展示されている。

▼ターム4　18世紀後半～19世紀　お茶戦争勃発――茶貿易のグローバル化と密輸ビジネスの横行

だんだん、きな臭い雰囲気が漂ってきたにゃ。ビジネスの範疇にとどまらず、国家間の争いにまで絡み出すお茶。ここでは、いくつか象徴的な戦争と事件を紹介。ボストン茶会事件も登場するにゃ。

イギリスとオランダの覇権争い

18世紀、茶に対する関心が高まり需要が増えていくと、オランダとの覇権争いに勝利したイギリスは、茶貿易の支配権を拡大。ヨーロッパにとどまらずアメリカなどの植民地に向けても輸出し、東インド会社は莫大な利益をあげるようになります。

その裏には、茶の税収を期待する政府の思惑も見え隠れしていました。

茶を贅沢品とし、課税対象として年々税率を上げていき、１７４８年には１１９％

に及びました。

正規ルートの茶には高い税金がかけられていたため、オランダ経由の密輸ルートが広範化、貴族の中にも密輸ビジネスに手を染める者や、密輸専門の貿易商として財を成すブルジョワジーまで現れ、茶はイギリスに入ってくる半分以上が非正規ルートを通る「一大密輸産業」にまで発展しました。

また、**悪徳業者によるニセ茶販売も横行しました。**

お茶の原料であるカメリア・シネンシスに似た植物でニセ茶を作ったり、出がらしの茶葉を乾燥させたリサイクルティーを密輸茶に混ぜてカサ増しをしたり、古くなったお茶に有害な顔料で着色して高値で売りつけるなど、新手の手口が次々と現れ、巧妙化していきました。

ニセ茶を購入する一般市民は「本物のお茶の味」を知らなかったため、騙されていることすらわからなかったのです。

正規ルートのお茶にかけられた税金

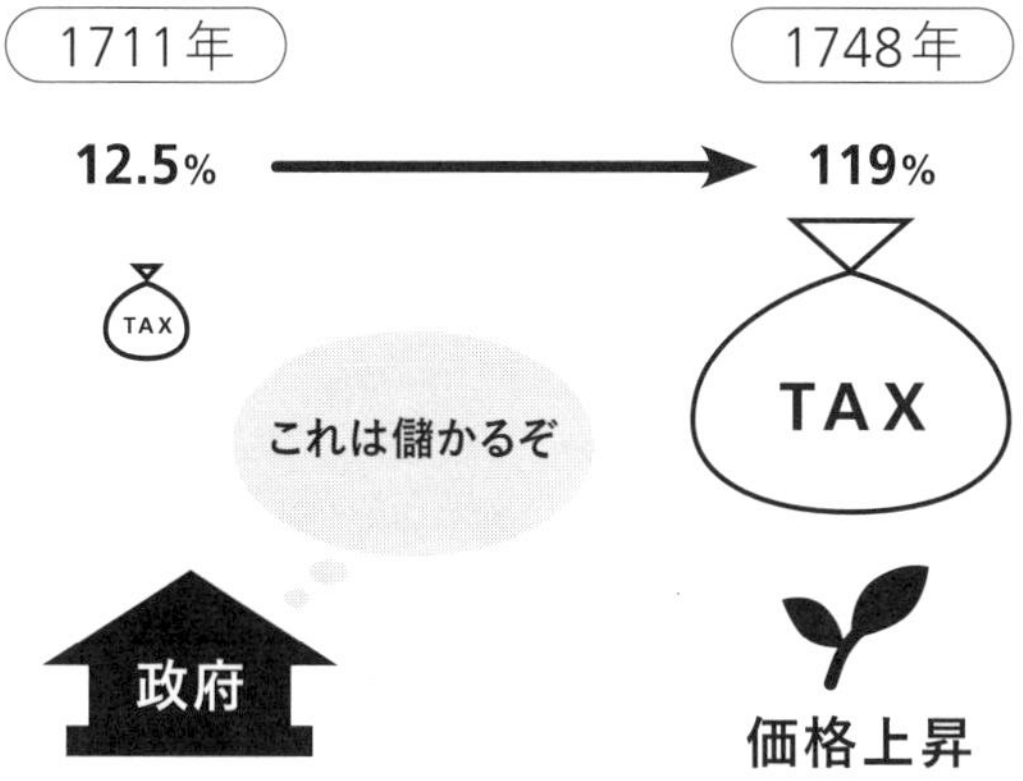

密輸や悪徳商法は禁止令を出したところで沈静化するはずもなく、税収が減るばかりか、国民の不満が高まり、政府にとっても深刻な問題となっていきました。

そこで立ち上がったのが、当時業界団体のトップだったトワイニング4代目当主（124ページ参照）。彼の進言もあり、1784年、政府は密輸根絶を狙い大幅減税に踏み切り、茶税を約10分の1に引き下げました。

この減税法の施行によって密輸ビジネスは終焉を迎え、市場の競争原理も働きお茶の価格が下がっていき、贅沢品だったお茶を気軽に愉しむことができるようになったのです。

Break Time

お茶殻の悪徳リサイクルティー商法

17世紀、王侯貴族の間で愛飲されていたお茶ですが、あくまでも「富裕層の飲みもの」でした。茶の価格は労働者の年俸と同程度、一般市民にとっては無縁だったのです。

お茶は非常に貴重なものでしたので、**貴族たちは「ティーキャディ」と呼ばれる鍵付きの木箱に入れて、自室のベッドルームで保管していました。**さらにその鍵は主人が常に身に着けて歩き、就寝中には首から下げていたといいます。なぜそこまでするかというと、鍵をつけていないと使用人が茶葉を持ち出してしまうことがあったからです。まさに宝石と同じ扱いだったというわけです。

当時は、お茶会のあとに残った出がらしの茶葉でさえ、主人に許可をもらって家に持ち帰り、フライパンで炒って袋に詰めて売り、小銭を稼ぐ「リサイクルティー商法」に手を染める者まで登場しました。

世界史を揺るがした事件の真相1

「ボストン茶会事件」

1775年に勃発したアメリカ独立戦争にも、お茶が絡んでいました。
コーヒー党というイメージがあるアメリカですが、18世紀当時、イギリスの植民地だったエリアではステイタスシンボルとして、お茶が愛飲されていました。
ニューヨークには当時、屋外でお茶を愉しむティーガーデンが200か所あまりも出現し、街中には「ティーウォーター」を売り歩く人の声が響き合っていたのです。

当時のイギリスは、フランスとの「七年戦争」に勝利したものの、莫大な出費を余儀なくされ、負債の埋め合わせとして、アメリカ輸出用の茶に200％もの重税をかけるようになりました。

反発したアメリカの民衆は「お茶を飲まずにハーブティーを！」とセージやカモミールティーなどの代替茶やコーヒーを飲み、ボイコット運動を開始。不当な茶法に対する抵抗は各地に飛び火し、歴史的なボストン茶会事件へと発展したのです。

七年戦争
1756年から1763年まで行われたプロイセンとオーストリアの対立を軸とした戦争。それぞれ、イギリス、フランス・ロシアが支援。北米とインド植民地でも英仏による植民地競争が行なわれ、戦闘は世界規模に広がりました。

世界史で学んだかたも多いと思いますが、簡単におさらいしましょう。

1773年12月16日、ボストン港に茶箱を積んだ船が入港すると、急進派の市民50人が先住民族であるインディアン・モホーク族に扮し、顔や体にペイントを塗り船に飛び乗り、**「ボストン港を巨大なティーポットに！」**と叫び、茶箱342個を海に投げ捨てました。

港は一面茶色に染まり、「ボストンで捕れる魚はお茶の味がする」とジョークがいまだに飛び交うほど。この事件以来、反英感情はさらに増長、各地に飛び火し武力衝突を引き起こし、独立運動の引き金となりました。

そして、1776年7月、アメリカは念願の独立を果たします。

ボストン茶会事件

ちなみに、なぜ「ボストン茶会事件」という名前になったのでしょうか？
The Boston Tea Party（ボストンティーパーティー）を訳したもので、パーティーには政党や派閥という意味もありますが、イギリス国王ジョージ3世に対しての過激なティーパーティー（この場合は宴会）が開かれたという皮肉を交えたものと解釈されています。

アメリカンコーヒーというと、浅煎りの薄いコーヒーを指す和製英語ですが、これは紅茶に親しんだ人々が、お茶の代わりに薄くいれたという説もあります。

ただし、初代大統領に就任したジョージ・ワシントンは紅茶愛飲家として有名です。彼はアメリカ独立後もロンドンから茶葉を輸入し、銀のティーセットを使って英国式のお茶の時間を愉しんでいたという記述が残され、国立アメリカ歴史博物館には彼の茶道具が所蔵されています。

とはいえ、ボストン茶会事件は、多くのアメリカ人を「お茶党」から「コーヒー党」へと変える転機になったことは間違いなさそうです。

ボストン茶会事件によりイギリスが受けた茶葉の損害は百万ドル以上、最大の茶の輸出相手国から北米植民地まで、計り知れないものを失うことになったのです。

政治運動としてのティーパーティー

ティーパーティー運動は、近年のアメリカでポピュリズムとして復活しています。「小さな政府」を促進する保守派が掲げるスローガンで、名前の由来はボストンティーパーティー。そこに、税金の無駄遣いに抗議するという意味で「Taxed Enough Already」（もう増税はたくさんだ）の頭文字TEAになぞらえた草の根運動です。

世界史を揺るがした事件の真相2

「アヘン戦争」

1997年、イギリスから中国へ返還された香港ですが、この歴史の裏側にもイギリス人とお茶の関係が深く関わっていました。1840年に勃発した**アヘン戦争**です。19世紀、イギリス国内でのお茶の需要は伸び続けていました。日本が鎖国状態だったため、お茶の輸入は中国に頼るしかなく、輸入量も増え続けました。

当時、代金の決済は銀で行われていましたが、銀の流出とともに相場が高騰し経済が混乱。イギリスは銀の回収を図るため、目をつけたのがアヘンでした。植民地インドでケシから作った麻薬のアヘンを中国に密輸し、お茶の代金として支払った銀をインド経由で回収するという「**三角貿易**」を開始したのです。

イギリスは産業革命で大量生産が可能になった綿織物と引き換えに、インドから銀を手に入れることに成功していました。

もともと、鎮静作用のあるアヘンをパイプで吸引する習慣があった中国では、中毒者が続出。清政府はアヘン禁止令を発令するものの、役人への賄賂が横行し、密売が

アヘン戦争の構図

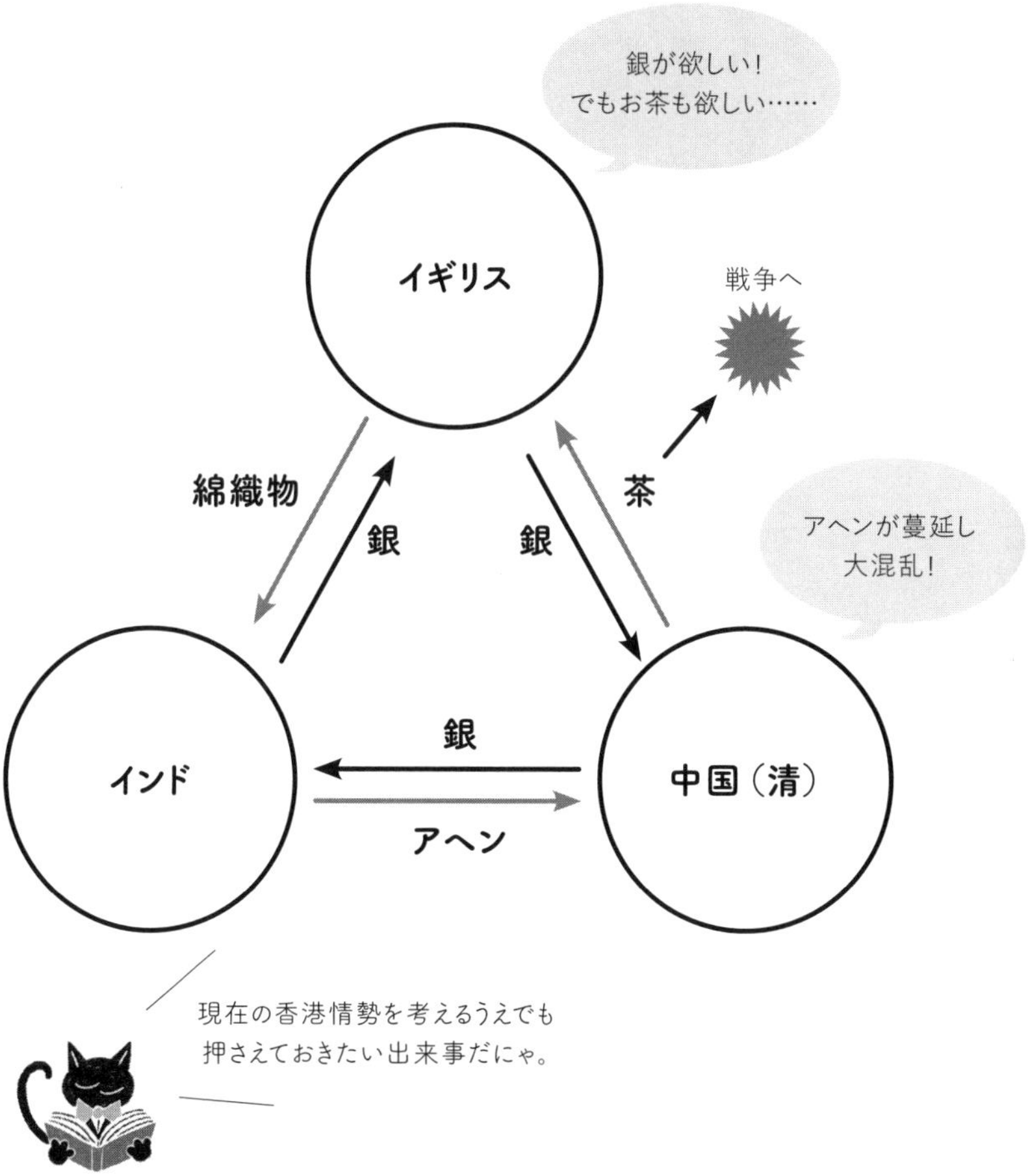
銀が欲しい!
でもお茶も欲しい……
イギリス
戦争へ
綿織物
銀
銀
茶
アヘンが蔓延し
大混乱!
銀
インド
中国（清）
アヘン
現在の香港情勢を考えるうえでも
押さえておきたい出来事だにゃ。

黙認され、蔓延を止めることはできず、密輸量は増え続けました。

するとと大量の銀がイギリスへ流出した結果、インフレを引き起こし経済も大混乱、中国とイギリスの立場が逆転していきました。

大人の３人に１人がアヘン中毒と推定されるほど蔓延し、危機感を募らせた中国側は、密売人を追放し貿易禁止令を出しますが、イギリスは武力で対抗しアヘン戦争に発展。１８４０年から2年あまりにわたって繰り広げられた戦いはイギリス軍の圧勝に終わりました。

そこで締結された不平等条約が5港の開港、香港島の割譲を含む**南京条約**です。

これにより香港は99年間イギリスの租借地となったのです。世界の勢力図を変える大きな出来事でした。

その後、香港は１９９7年中国へ返還。その際に「今後、50年間は資本主義体制や生活様式を維持する」という一国二制度が国際公約として結ばれましたが、折返し地点に来た昨今、香港情勢は揺れ動いています。

一杯のお茶が世界史を揺るがす事件を起こし、その歴史が今もなお続いていることを痛感させられます。

紅茶スパイが命がけで持ち出したチャの木

ボストン茶会事件、アヘン戦争とふたつの戦争まで巻き起こした茶ですが、そもそも本質的な問題は、**「中国によるお茶市場の独占」**にありました。

この問題を打破するために、イギリスは壮大な計画を企てます。題して、**「イギリス帝国産紅茶プロジェクト」**。

茶の輸入を中国に頼るのではなく、中国と国境を接する英国領インドで自国の茶生産を行い、茶貿易の主役の座までをも中国から奪還するという、国家の威信をかけた一大事業でした。

自国領土での茶栽培はイギリスにとって長年の悲願。世論の高まりもあって、18世紀中頃からインド進出と同時に水面下で模索が続けられていました。

一方、中国側は金のなる木である茶樹を簡単に渡すはずなく門外不出、茶の製造法に至っては国家最高機密と位置づけられていました。

そのため、イギリス人はお茶の栽培法はもちろん、緑茶と紅茶が同じ木であることすら知らなかったのです。

そこで**中国に送り込まれたのが、凄腕プラントハンター、いわば「茶のスパイ」**です。

彼の名はロバート・フォーチュン。

「プラントハンター」というのは、世界中から珍しい植物を採集して持ち帰る人たちのこと。日本にも江戸時代、野山を歩き薬草を採取する「採薬使」や有用植物を研究する「本草学者」と呼ばれる人がいましたが、そのイメージとはかけ離れています。

未知の植物という獲物を探し、秘境や山奥を飛び回る「命知らずの探検家」といってもいいかもしれません。

ミッション1 中国からチャの木を盗み出せ

プラントハンター

プラントハンターには、国や企業、貴族に雇われている「お抱えハンター」もいれば、庭師や大工の次男や三男が一攫千金を狙い、一人ヒマラヤ山脈を駆け巡る人もいました。密入国・密輸出はあたりまえ。海賊に襲われることもあれば、犯罪者として捕らえられてしまうこともあるハイリスク・ハイリターンの職業です。

プラントハンター・フォーチュンに与えられた第一ミッションは、「**中国からチャの木を盗み出し、インドへ持ち出すこと**」。

スコットランドの小さな田舎町出身のフォーチュンには学歴も地位もなく、労働者階級の厳しい生活から抜け出し、出世を果たすための一世一代のチャンスでもありました。果たして、どのような手段で中国に忍び込んだのでしょうか。

1848年、彼は中国の上級官吏に変装し、頭を剃り、かつらの辮髪《べんぱつ》にチャイナ服という格好で、中国人通訳と世話係の苦力（クーリー）を引き連れて上海から潜入します。

アヘン戦争によって香港の租借に成功したイギリスでしたが、中国国内の自由な行き来は認めていませんでした。

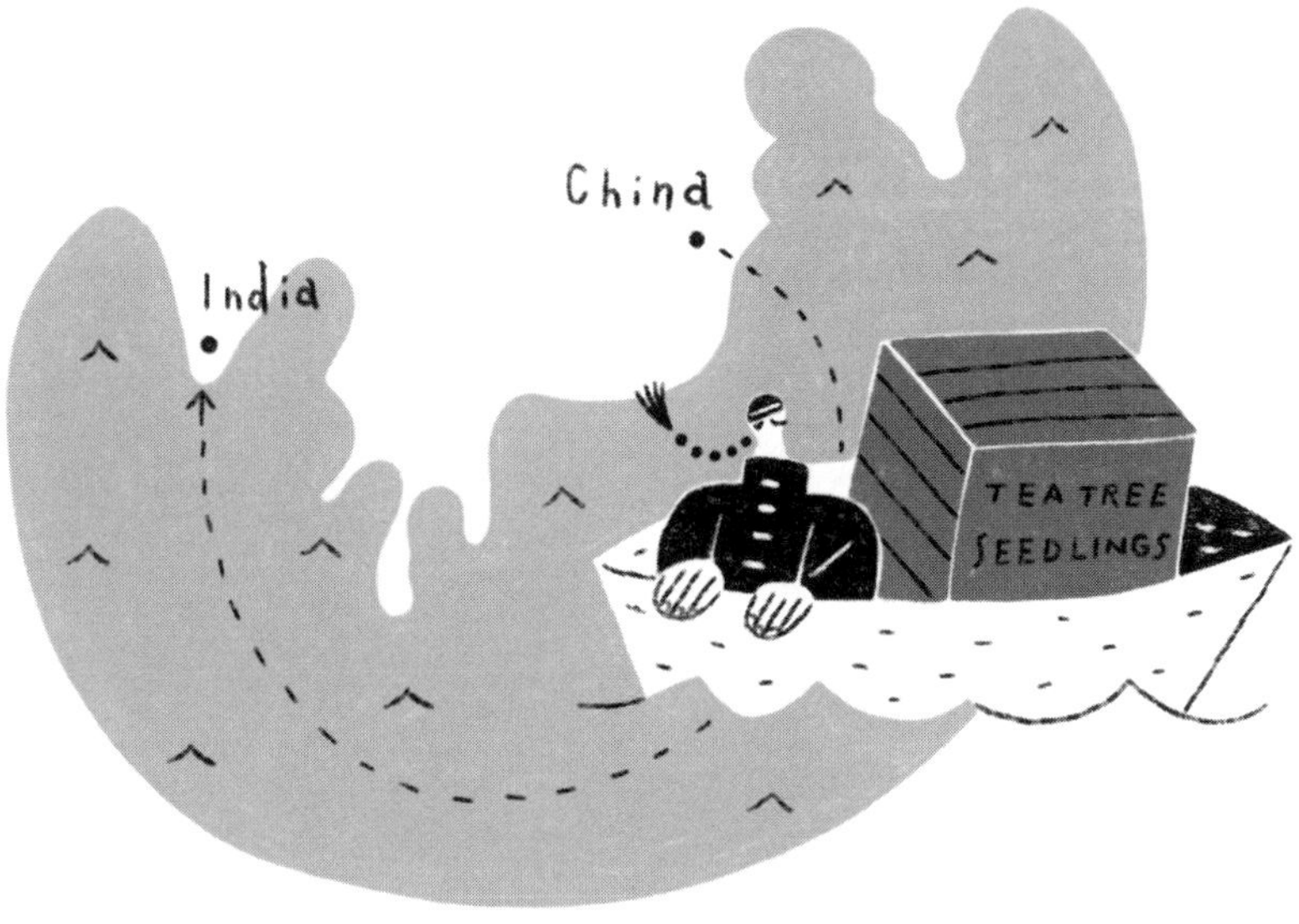

スパイ？「命知らずの探検家」と呼んでくれよな！

スパイ修行として、中国語を習得し、箸遣いなどの東洋の生活様式も学んでいたフォーチュンは、現地に溶け込み、ときには賄賂を使いながら、関係者以外は出入り禁止区域であった茶の原産地安徽省に辿り着きます。そして、紅茶も緑茶も同じ木から作られている事実を突きとめたのです。

このとき、400株あまりの苗木の持ち出しに成功。植民地インドへと運びますが、ここで問題が発生します。船で移送中に水をやりすぎてしまい、種も苗もほぼ全滅……、残念ながら、インドの地で茶が根付くことはありませんでした。

ミッション2 チャの木を「安全に」インドへ運び出せ

次のミッションは、「**良質なチャの木を完全な状態で運び出すこと**」。フォーチュンのリベンジです。

次は紅茶発祥の地といわれる武夷山に潜入するフォーチュン。

水墨画の世界に迷い込んだような山合の村に入り、身分を偽り寺院で世話になりながら地元の茶師たちと接し、茶の秘法を探り、克明に記録をしました。

そして、1万を超える苗木や種と一緒に紅茶の製茶技術を持つ職人を連れ出し、インドを目指します。移送には「**ウォードの箱**」というテラリウムを使い、細心の注意を払いながら輸送。今回は無事、コルカタに到着しました。

栽培に選んだ場所は、熱帯のインドの中でも武夷山に気候が近い、ヒマラヤの麓《ふもと》の

ウォードの箱（Wardian case）

英国人医師ナサニエル・バグショー・ウォードによって発明された植物保存容器。ウォードは、ロンドンの大気汚染の影響で、庭に咲いていたシダが全滅した一方で、ガラス瓶に入っていたシダが無事に成長していることに着目。密閉性の高いガラスの中では植物から蒸散した水分が循環し、水を与えなくても光合成を行い植物が育つことを発見し、ガラス製テラリウムを作りました。

ウォードの箱の発明によって植物の長距離輸送が可能となり、貴重な植物を採取しても、持ち帰る途中で枯れてしまうというプラントハンターたちの悩みを解決しました。

町、ダージリンでした。こうして、長い間の悲願だった中国種の茶栽培に成功。数年後には、世界を魅了する紅茶のシャンパン「ダージリン」が誕生し、インド茶産業にとって大きな礎を築きました。

フォーチュンは、その後幕末の日本にも訪れ、米やカイコにも深い関心を示したといいます。さらに驚いたのは、**江戸時代の日本における園芸ブーム**。

彼は著書『幕末日本探訪記――江戸と北京』の中で次のような言葉を残しています。

「日本人の国民性の著しい特色は、庶民でも生来の花好きであることだ。花を愛する国民性が、人間の文化的レベルの高さを証明する物であるとすれば、日本の庶民は我が国の庶民と比べると、ずっと勝っているとみえる」

「スパイ」といえども、純粋に日本の文化を称賛するフォーチュンの姿勢に胸を打たれます。

『幕末日本探訪記――江戸と北京』

ロバート・フォーチュン著、三宅 馨訳／講談社学術文庫

Column

稀少な植物が投資の対象に

「プラントハンターなんて、都市伝説、いや国伝説でしょう」と半信半疑の声が聞こえてきそうですが、確証もあります。

イギリスの緯度は北緯51度。日本と比較すると、北海道の更に北、樺太の北部にあたります。そんな緯度の高いイギリスでは、南国のエキゾチックな植物は昔から憧れの対象でした。

17世紀には、地中海産のオレンジやレモンを育てることが流行し、王侯貴族は庭に「オランジェリー」という専用のガラスで囲まれた温室を作るのがステイタスになりました。

宮殿のようなオランジェリーでパーティーを開き、さらにそこに希少価値が高い花や植物を飾ることで、命知らずのプラントハンターを雇える財力があることを見せつけ、自らの地位を揺るぎないものにできたのです。

ロンドンのケンジントン宮殿内のオランジェリーは、当時の貴重な建築が残されたものです。

また、オランダで湧き起こったチューリップバブルに象徴されるように、ヨーロッパ中で植物ブームが起こり、投資の対象にもなりました。

価値が上がるとともに、より珍しい植物を求めて、プラントハンターの舞台はアジア、中南米、カリブ海と世界中に広がっていきました。特に、人気があった蘭やシダには天井知らずの値がついたといいます。

「極楽鳥花(英名バードオブパラダイスフラワー)」は、18世紀にプラントハンターによってアフリカから持ち込まれました。21世紀の今、私たちの目にも十分エキゾチシズムに映るこの花。トリのようにも見える独特のシルエットに、当時の王侯貴族たちが衝撃のあまり言葉を失ったシーンが目に浮かぶようです。(picture-alliance/dpa)

▼ターム5　**19世紀　英国紅茶文化の真髄「アフタヌーンティー」がついに誕生**

紅茶の国イギリスの鍵を握った絶対禁酒運動

イギリスに最初に渡ったお茶は緑茶でしたが、早くからお茶に砂糖やミルクを入れる習慣があったことや硬水との相性から、発酵度の高いお茶が好まれる傾向がありました。

生産国の中国はその需要の変化にこたえて発酵度を上げる工夫を続け、**19世紀に入る頃には輸入の大半を発酵茶が占めるようになりました。**

一方、「自国領土での茶栽培」を模索していたイギリスは、1834年に茶業委員会を設立。

ロバート・フォーチュンがもたらした中国種の茶樹にくわえ、インドに自生していた「アッサム種」の茶樹の栽培と育成にも成功します。

これを機に植民地のインドやセイロンでの大規模なプランテーションによる紅茶生産に乗り出し、イギリス帝国産紅茶という一大産業が急速に発展しました。

産業革命によって力をつけたイギリスは、世界の覇権を握り七つの海を支配、太陽の沈まない「大英帝国」として栄光のヴィクトリア時代に突入します。

そして、イギリス紅茶文化の象徴であるアフタヌーンティーが誕生すると、その優雅な習慣は貴族から中産階級へと水が流れ落ちるように広まりました。

この時代、英国の階級ピラミッドの大半を占めていた労働者階級の暮らしも変化していきます。

国家は繁栄を極める一方で、市民の間では「アルコール中毒者の蔓延」という深刻な問題を抱えていました。

女王と一緒にお茶を！

工場にもティーブレイクが導入されるようになると、ヴィクトリア女王の肖像画を眺めながら、“自分たちと一緒に今お茶を召し上がっている陛下のためにも頑張ろう！”という一体感が生まれ、生産効率も向上。大英帝国の更なる発展へとつながりました。

貴族の華やかな生活の裏で、産業革命を支える労働者階級の人々は過酷な労働を強いられ、ストレス発散や身体をあたためる等の理由をつけ、エールやジンなどの「水より安いお酒」を飲みながら暮らしていたのです。

その結果、英国はアルコール依存大国となり、政府は大々的な禁酒キャンペーン「ティートータル（Teetota）」を打ち出すことになります。Teetotal とは絶対禁酒主義を表す言葉ですが、Tee と Tea をかけ、ヴィクトリア女王がリーダーとなり「お酒の代わりに、一緒に紅茶を！」と呼びかけたのです。

英国国教会もこれを後押しし、説教の中で禁酒を説き礼拝堂でお茶を振る舞う〝チャペルティードリンカーズ〟や、〝ティーミーティング〟と呼ばれる茶話会を開催する禁酒運動が広まっていきました。

ヴィクトリア時代後期、植民地での紅茶栽培も軌道に乗り、紅茶は階級を超えてすべての国民に定着し、アルコールに代わり紅茶がイギリスのナショナルドリンクの座を獲得しました。こうして、**朝から晩までお茶時間に囲まれながら暮らす「英国式ティーライフ」が完成**。20世紀を迎える頃には、アフタヌーンティーも階級ごとの「お茶会社交の時間」として定着し、紅茶文化が花咲いたのです。

アフタヌーンティー誕生と政治家の派閥パーティー

華麗な英国紅茶文化を象徴するアフタヌーンティー。

その発祥を辿ると、聡明な政治家の妻の存在が浮かび上がってきます。

先述のとおりパーティーには、「社交のための集まり」のほかに「政党・派閥」という意味があります。貴婦人たちの優雅な社交から発祥したというイメージの強いアフタヌーンティーですが、その裏には政治的な意味合いも見え隠れする、ちょっぴりダーティーな世界が繰り広げられていました。

アフタヌーンティーの創始者は、第7代ベッドフォード公爵夫人アンナ・マリア。夫であるフランシス・ラッセルは国会議員として長いキャリアを持ち、一族の中には英国首相を務めたジョン・ラッセルや、英国を代表する哲学者にして数学者としても知られるバートランド・ラッセルなどが名を連ねる超名門貴族です。

アフタヌーンティーが誕生したのは、イギリスにお茶が渡ってから、およそ200

アフタヌーンティーを生み出したアンナ・マリア
「キリン 午後の紅茶」のラベルにも描かれているアンナ・マリア。
画像提供：キリンビバレッジ株式会社

年後。七つの海を支配し、揺るぎない大英帝国を築いた栄光のヴィクトリア時代、ウォーバンアビーの館に暮らしていたアンナにより考案されました。

きっかけは、なんと**「空腹時のストレス」**。

１８４０年当時、貴族の食事スタイルは一日二回。遅めの朝食のあとは夜8時以降にスタートするディナーの時間まで、何も口にできませんでした。

しかも、その時代の女性は華奢でウエストが細いほど魅力的とされ、53㎝のウエストを目指してコルセットを締めつけたうえで、重いドレスを身に纏い暮らしていたのです。

アンナは午後４時頃になると、空腹とコルセットの息苦しさで、「憂鬱で気が滅入る」とよく口走っていたといいます。

そこで、思いついたのが〝秘密のお茶会〟。自室のベッドルームに紅茶とバター付きのパンを運ばせ、一人愉しむことを日課としていました。

天性の社交家だったアンナは、この優雅な午後の時間に友人を招待するようになり、やがて社交の時間へと発展していきます。

政治家でもあるアンナの夫にとっては、接待も重要な仕事のひとつでした。

この時代の貴族の多くは、貴族院議員という立場でもあり、館には訪問客が絶えず、政治的な策略が絡むパーティーも頻繁に開催していました。

公爵が男性ゲストを引きつれ、ハンティングやシューティングに興ずる間、アンナはご夫人がたをドローイングルーム（女性ゲストがお茶を愉しむための部屋）へ招き入れ、ディナーまでの時間をお茶会でもてなすようになります。

古来よりパーティーは食卓を囲んだ権力闘争の場であり、男性社会そのものでした。それが若きヴィクトリア女王の強いリーダーシップもあり時流が変わりはじめ、次第に女性が表舞台にあがる機会が出てきたのです。

すると、**女性も飾りものではなく、「知的で教養ある振る舞い」や「おもてなしの力量」というものが求められるようになっていきました。**

英国王室のソサエティともつながり、洗練された社交術を身につけていたアンナは、ティーパーティーを通じて「政治家の妻」として最大限のスキルを発揮し、夫を支え、盤石の地位を築いたというわけです。

この**アンナがはじめた「午後のお茶会」という新しい文化こそが、アフタヌーンテ**

ハンティング／シューティング

ハンティング（狩猟）、シューティング（銃猟）フィッシング（釣り）は、19世紀の英国貴族が嗜む三大カントリースポーツ。

ィーです。

初期の頃は貴族を中心としたハイソサイエティの中でひっそりと行われていた習慣でしたが、1841年、ヴィクトリア女王がウォーバンアビーの館を訪問し、アンナからもてなしを受けたことがきっかけで、王室の公式行事としても茶会が用いられるようになりました。

そして、それまで閉ざされていたアフタヌーンティーが階級を超えて広まったのです。

英国の紅茶史にも、彼女の名前と発祥した部屋「ブルー・ドローイング・ルーム」の名が刻まれています。

邸宅のドローイング・ルームで開かれる正統派アフタヌーンティー。

英国貴族が憧れた日本趣味「ジャポニズム」

19世紀のヴィクトリア時代、華やかなアフタヌーンティーという紅茶文化を開花させたイギリス。

初期の頃、貴族のお茶会は午後5時頃からスタートする流儀があり、〝Five O'clock Tea〟とも呼ばれていました。王室公式の行事にまで発展すると、階級を超えてすべてのイギリス人のライフスタイルに定着。時間帯がだんだんと早くなり、**1870年代にはアフタヌーンティー**（**午後のお茶会**）**と呼ばれるようになり、午後4時になるとイギリス中のケトルが鳴り響き〝お茶会社交〟が繰り広げられるようになります。**

その最盛期に重なるように、**ジャポニズム**（Japonism、日本趣味）の大旋風が湧き起こります。

きっかけは、1862年に開催されたロンドン万国博覧会でした。開会式には福沢諭吉ら日本の使節団が参加。日本ブースが設けられ、漆器や版画など美術品や工芸品に関心が集まると、鎖国によって長く閉ざされた日本へのエキゾテシィズムも追い風となり、日本趣味がトレンドとなります。

1885年にはロンドンにジャパニーズビレッジ（日本村）が誕生。日本人100名あまりが渡英し、着物を身につけて茶室でお茶を振る舞ったり、漆塗りや浮世絵などの職人技を披露し、延べ100万人以上が来場し大盛況となりました。


そんな日本趣味は、アフタヌーンティーにも影響を与えました。

当時、多様化するライフスタイルにこたえ急成長したのがハロッズやリバティといった百貨店です。デパートのショーウィンドウには、日本を連想させるような、花鳥風月や桜椿の文様があしらわれたティーセットやカトラリー、着物風ティーガウンといったアイテムが並び、人々の購買意欲をかきたてました。

AFTERNOON TEA AT THE JAPANESE VILLAGE, KNIGHTSBRIDGE

ロンドンのナイツブリッジに作られた日本村でアフタヌーンティーを愉しむ人々

「ジャポニズムの茶会」を開くことは、「美しいものに囲まれた暮らし」を提唱する唯美主義の女性たちにとってステイタスシンボルとなっていきました。

東洋趣味（シノワズリー）でお茶と出会い、日本趣味（ジャポニズム）で茶の湯と再会したイギリス。

興味深いのは、ジャポニズム茶会で使用された陶磁器や銀器の多くが、日本から輸出されたものではなく、欧米で製作されていたということです。

17世紀のシノワズリーの時代（102ページ参照）には、まだ磁器焼成の技術がなく、日本から多くの磁器が輸出され、金銀同等の価値で取引されていました。

一方、19世紀のジャポニズムの時代、技術力をつけたイギリスは、日本への視察の際に膨大な資料や書籍を持ち帰り、試行錯誤を繰り返しながら独自のジャポニズム様式を生み出しました。

鎖国をしていた日本と産業革命によって力をつけたイギリスとの立場は逆転し、この頃から英国製のティーカップや銀器が憧れの高級舶来品となっていくのです。

現在、日本のアフタヌーンティーにおいて、西洋の陶磁器や銀器に漆器や竹細工をあわせ、着物姿でサービスを行う「和洋折衷のZENスタイル」が人気となっています。それはまさに英国人が憧れたジャポニズムのスタイルそのものです。

もちろん、〝和と洋〟このふたつには相反する部分もあります。

「侘び」「寂び」に象徴されるような、不均整かつ不完全、「マイナスの美」を求める東洋的な感性に対して、完成され均整のとれた「プラスの美」を求める西洋的な美意識。一見、対極にあるようにも見えますが、驚くほど共通点があることも事実なのです。

英国人と日本人のお茶の精神が茶碗の中で交錯し、伝統文化は形を変えながら、新しいカルチャーとして生まれ変わっていくのかもしれません。

ZENスタイル

現在、日本でも英国でもボーダレスにお茶の世界を味わう和洋折衷のお茶会がトレンドになっています。古伊万里やオールドノリタケなどのアンティーク陶磁器にモダンなシルバーや漆器をあわせコーディネートするなど、ZENスタイルはクールに進化しています。

もうひとつのティーパーティー「フェミニズム茶会」

歴史を動かしたティーパーティーは、ボストン茶会事件だけではありません。**アフタヌーンティー（＝午後のお茶会）は、女性の自立と開放、ジェンダー平等にも大きな影響を与えました。**

19世紀以前のイギリスでは、レディが「ちょっとお茶でも……」と自由に出歩くことは、女性としてふさわしくないという風潮がありました。

女性は謙虚で従順であることが求められ、結婚したら夫や子どもに尽くし、家を守る「家庭の天使（The Angel in the House）」になることこそ、美徳とされていたのです。

ヴィクトリア時代に入ると、産業革命によって経済力をつけた新興層＝ミドルクラスが勢力を拡大し、貴族さながらの上質なライフスタイルを実現しはじめていました。

そのミドルクラスの主婦たちが夢中になったのがアフタヌーンティーです。

貴族の称号のように明確な序列が存在しない階級の女性たちにとっては、理想的な家と庭を持ち、夫と子どもに囲まれ、自分がいかに「家庭の天使」として十全十美であるかを互いに見せつけ合うアフタヌーンティーという「生活発表会」が絶好の社交の場になったのです。

一方、**そんなイギリス版良妻賢母像の押し付けに異を唱えはじめたのが、「新しい女性（New Woman）」**たちでした。

女性らしくあれと窮屈なコルセットに縛られていた女性たちは、アフタヌーンティーの流行とともに、コルセットを排除し、身体をしめつけないティーガウンを身に纏うようになっていきました。彼女たちが脱ぎ捨てたものはコルセットだけではなく、精神的な抑圧からも開放されたのでした。

そうした世情を反映するかのように、19世紀後半になるとイギリス各地に「**ティールーム**」が誕生。コーヒーハウスとは違い、そこは女性たちが安心して自由にお茶に出掛けられる貴重な場所になりました。

New Womanたちは、人目を気にせず一人でティールームに出入りし自由を味わい、紅茶を飲みながら女性の自立や地位向上についての話をするようになっていきます。

やがて、自由を求める茶の輪は広がり、ティールームには女性運動家たちが集まるようになりました。そして、女性たちの独立心は大きなムーブメントとなり、社会を変える礎となっていくのです。

時を同じくして、アメリカでもフェミニズムが盛り上がりを見せていました。

1848年にニューヨーク州で開かれた5人のお茶会は、アメリカ女性解放運動へとつながりました。一見するとマダムたちの優雅なティーパーティーでしたが、紅茶を片手に話合っていたのは、女性に対する不当な扱いについての不満でした。

当時のアメリカでは、高い教育を受けた女性たちが、社会問題に取り組むといった風潮が芽生えていました。この日のお茶会に参加した女性たちも、そんな意識の高い女性たち。ここから、アメリカの女性運動の原点となる「**女性の権利に関する大会**」**セネカフォールズ会議**へとつながっていきます。

ボストン茶会事件に端を発し、イギリスから独立した際の独立宣言を基盤として、女性の権利と参政権を打ち出したのです。

その後、女性参政権獲得に向けての資金集めのためにティーパーティーを開き、ゲストには「女性に参政権を！」とスローガンを掲げたティーカップが配られました。

この草の根運動が結実し、1920年に女性参政権が保証されたのです。

▼ターム6 20世紀～現在 紅茶がつなぐ日英関係と戦争

初めて紅茶を飲んだ日本人 エカテリーナ2世のお茶会

初めて日本に紅茶が入ってきたのは明治時代ですが、その100年以上も前にロシア女帝エカテリーナ2世のお茶会に招かれた日本人がいました。

時は江戸時代、彼の名は大黒屋光太夫。なぜ、鎖国時代に日本人の男性が、しかも遠いロシアの地で〝宮廷の茶会〟に招かれることになったのでしょうか？

1782年12月9日、伊勢で船頭をしていた大黒屋光太夫は、紀州藩御用米を積みこんだ帆船・神昌丸で白子港（現在の三重県鈴鹿市）から江戸へと向かいました。その道中、記録的な暴風雨に遭遇し帆が吹き飛ばされ、船が難破。伊豆大島付近で目撃されたのを最後に、行方をくらますことになります。

大黒屋光太夫像（伊勢若松駅）

200年以上も前、過酷なロシアでの生活を強いられ、エカテリーナのお茶会に招かれるという波乱に満ちた人生を送った光太夫。初めて紅茶と出会った日本人にちなみ、11月1日は「紅茶の日」に定められています。

光太夫をはじめとした17名の船員は、8か月もの漂流生活の後、日付変更線を越えて北太平洋ロシア領のアムチトカ島に漂着します。

日本への帰国を懇願したものの叶わず、光太夫一行はロシア語を習得しながら、寒さや飢えと闘いながらシベリアを横断し、首都サンクトペテルブルクを目指します。

漂流から8年あまり、ようやくエカテリーナ2世への謁見が叶い、日本への帰国を直談判。**幾度かの謁見の末、1791年11月、宮廷のお茶会に招かれ、エカテリーナ2世から帰国の許可を受けたのです。**

10年にも及ぶサバイバル生活の末、日本への生還を果たしたのは光太夫と船員2名だけ、日本に来船した初めての黒船が、光太夫が乗ったロシアからの送還船でした。

この船の中には、餞別品として貴重な茶と砂糖も積まれていたとされています。

『新装版 おろしや国酔夢譚』
井上靖著／文春文庫
「事実は小説よりも奇なり」という言葉のとおり、ロシアに漂着し数奇な運命に翻弄される大黒屋光太夫と乗組員たちの姿を描いた長編小説。

光太夫が飲んだロシアンティーは、果たして、どのような味だったか？
時代背景からすると、このお茶は現在も親しまれている「ロシアンキャラバン」ブレンドのように、中国紅茶と烏龍茶をミックスしたような半発酵茶のテイストだったのではないかにゃ？

文明開化の幕開けと日本の紅茶史

日本の紅茶史がはじまるのは、茶樹伝来からなんと1000年の時を経た、文明開化の時代。日本における紅茶の歴史が浅い理由がわかりましたね。

明治20年（1887年）、紅茶100kgが輸入され、「舶来品のハイカラ飲料」として、鹿鳴館や長楽館などを中心に紳士・淑女の間で少しずつ広がりを見せます。

明治39年（1906年）、**明治屋がリプトン紅茶・イエローラベルの輸入をスタート。**

明治屋の創業者である磯野計氏は英国留学の経験を活かし、明治18年横浜に「明治屋」を設立。食文化のパイオニアとして、日本に海外の珍しい商品を紹介しました。

昭和2年（1927年）、民間企業としていち早く紅茶マーケットに目をつけた三井財閥が、**日本初のブランド紅茶「三井紅茶」**（のちに日東紅茶と改称）を発売します。

ただし、当時の紅茶は高嶺の花。有産階級やエリート層が嗜む高級品という位置づけでした。

戦場のティータイム

第二次世界大戦では、日本とイギリスは敵対関係となりました。

お茶好きな両国、戦時中にはどのようにお茶が扱われていたのでしょうか。

イギリス

20世紀に入り、イギリス人にとってティータイムは日常に欠かせないものとなっていました。政府も同じ認識だったため、紅茶に制限をかけることには躊躇していたの

1927年に発売した「三井紅茶」
画像提供：三井農林株式会社

ですが、**1940年から紅茶は配給制となり、配給手帳によって厳しく管理されました。年齢や職業によっても振り分けられる量が異なり、その制度は終戦後も1952年まで続けられました。**

しかし、最前線で戦う戦士たちにとって、紅茶は命綱ともいえる存在でした。チャーチル首相は「**兵士にとって重要なのは弾薬よりも紅茶**」と言い、熾烈《しれつ》な戦火が広がる中でも、紅茶とビスケットが戦地に届けられました。

1942年にイギリス政府が購入したリストを見ると、重量順に弾丸、紅茶、砲弾、爆弾、爆薬であったという記録も残されています。

前線では、紅茶を飲むために戦車を離れた兵士が標的にされることが続いたため、安心して紅茶が飲めるようにと、**戦車にもBoiling Vesselつまり「戦車専用の給湯器」が装備され、装甲戦闘車の必須装備となりました。**

現在でも、イギリス陸軍が使用する戦闘車のほぼすべてに最新の給湯器が装備されているそうです。

紅茶をいれる重要任務は「BV（Boiling Vessel）司令官」と呼ばれ、受け継がれているという裏話の真偽はともかく、戦争という非常事態においても、紅茶は今も昔も変わらず重要な飲みものであることには間違いありません。

フランス軍の兵士にワインが欠かせなかったように、イギリス軍にとっては紅茶がエネルギーを補給し、士気を高めるための秘密兵器というわけです。

日本

昭和に入ると、緑茶は日常生活に定着、紅茶も少しずつ輸入されるようになっていました。しかし戦争が始まると、敵国であるイギリス紅茶の輸入は当然ストップ、食料不足とともに嗜好品の位置づけだった緑茶は制限作物となり、茶畑ではじゃがいもや穀物などへの転作が進みます。

特に高級な玉露や抹茶の原料となる碾茶《てんちゃ》は贅沢

1943年、前線基地でティータイムを取る兵士たち

品とされ、製茶が禁止となります。

危機感を覚えた宇治の茶業組合は、軍用として採用してもらえないかと陸軍航空技術研究所に訴えました。

そこで、抹茶の効能を調査したところ、覚醒作用やビタミン補給として活用できると評価され、軍の食糧庫へ納められることになったのです。軍用として採り上げられた抹茶は、不急作物から外され、京都の茶業はなんとか命をつなぐことができました。

また、京都府立茶業研究所は**「糖衣抹茶特殊糧食」**（固形の抹茶に糖分を含む被膜を施したもの）を開発し、航空機や潜水艦に乗り込む兵士の疲労回復と眠気覚ましとして、広く重用されました。

Break Time

ウクライナ侵略戦争と紅茶

2022年2月に勃発したロシアによるウクライナへの侵攻。

過去の戦争と異なる点として、SNSを駆使して世界中にメッセージを拡散する情報戦という側面が挙げられます。

戦場から届く映像の中に、特に記憶に残るシーンがありました。

ロシアの兵士がウクライナ市民から渡された紅茶とパンを口にして涙を流す場面、そして、ウクライナの主婦たちがキーウ郊外の前線近くにテントを立て、銃声が鳴り響く中で兵士たちに紅茶を振る舞い励ます様子です。

明日をも知れぬ兵士たちにとって、一杯の温かい紅茶は束の間の癒やしとなっていたのでしょう。

両国とも昔から大の紅茶好きの国、平穏なティータイムが戻ることを願うばかりです。

日本らしさを纏い変化する紅茶文化

戦後になると、在日外国人のためにホテル用の輸入枠が認められましたが、「紅茶はリプトンのみ」「輸入業者は明治屋限定」などの縛りがあったため、日本にも密輸品が入ってきたり、闇ルートのようなものも存在したといいます。

日本の紅茶史が転換期を迎えたのは、昭和46年（1971年）の「紅茶輸入自由化」です。

高度経済成長とともにライフスタイルも変化、朝食はダイニングテーブルを囲み「紅茶とトースト」など、西洋化が進んでいきます。同時に、アメリカで広まったティーバッグが日本の食卓にも登場し、「リプトンや日東紅茶の黄色いラベルに赤いロゴの紐付きティーバッグ」がお目見えします。

「日本式のお紅茶」には、ミルクかレモンと一緒に角砂糖を入れ、甘くして飲むというスタイルが浸透しました。

昭和50年代に入ると、紅茶のギフト市場が活性化。

贈答用として「トワイニングの色とりどりのティーバッグ詰め合わせ」や「フォションのゴールドの包装紙に包まれた紅茶缶」などが大流行しました。

喫茶店では、本来コーヒーをいれるカフェティエールという器具にティーサーバーという名がつけられ、おしゃれな紅茶をいれる道具として広まります。昭和レトロな「紅茶の原風景」ともいえるこうした時代背景から、第一次紅茶ブームがはじまりました。

そして昭和60年代のバブル期、英国紅茶文化の象徴でもあるアフタヌーンティーがトレンドとなります。まずは、英国系ティールームが「シルバーの3段スタンド」というアイコンを高々と掲げ、英国製のボーンチャイナのティーセットとともに優雅なティータイムというイメージを確立します。

カフェティエール

世界中で色々な名前で呼ばれているコーヒー抽出器具。昭和時代の日本ではティーサーバーとして、紅茶をいれる道具として人気となりました。

平成の幕が開けると、**外資系ホテルが次々とオープンし、開業時に西洋文化の象徴としてアフタヌーンティーを導入するようになります。**

この時期になると、バブル期に海外駐在を経験し帰国したマダムや、旅行で本場のアフタヌーンティーを体験したＯＬ層が急増し、クオリティーが格段にアップ。人気とともに、日系ホテルも続々と後を追いました。

令和に入ると、ＳＮＳ映えを意識したＺ世代の間で、**アフタヌーンティーを愉しむ活動＝ヌン活**がブームになります。コロナ禍で海外旅行へも行けず、多くの制限がかかる中でも、プチ贅沢気分を満喫でき、インスタ映えするアフタヌーンティーは、世代や性別を超えて広がりをみせています。

ホテルや飲食業界にとっては、まさに救世主ともいえる存在。それぞれが個性を競い合う中で、茶の湯の文化とも融合し、オリジナリティあふれる日本ならではのアフタヌーンティーへと発展し、今日に至ります。

日本は異文化を取り入れ、日本らしさを加えながらアレンジし、独自のカルチャーとして育てることが得意です。日々、変容しながら進化を遂げる新しい紅茶文化は、これからも時代とともに形を変えていくのではないでしょうか。

＊＊＊

長い紅茶史の旅もこれで終わりました。

では、**「なぜイギリスは紅茶の国といわれるのでしょうか？」**

本章冒頭の質問の答えですが、ここまで読破したみなさんならもうおわかりですね。

神田外語グループが運営するブリティッシュヒルズ（福島県天栄村）のティールームで、アフタヌーンティーを愉しむ女性（画像提供：ブリティッシュヒルズ/時事）

理由は、「イギリスがアフタヌーンティーに代表される華やかな『紅茶文化』を築き上げ、それを世界中に広めたから」にゃ。

Column

紅茶王リプトンが世界中に届けた想い

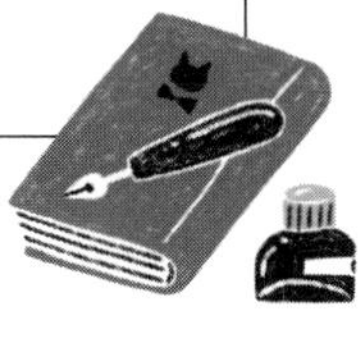

スーパーマーケットに並ぶ黄色いパッケージに赤い文字といえば、Lipton（リプトン）紅茶。

世界中の誰もが親しみや懐かしさを覚えるリプトン紅茶成功の裏側には、彼が生涯をかけた夢がありました。それは、

「赤ちゃんから高齢者まで安心して飲むことができる紅茶を、世界中広く、貧富の差なく、水のように飲めるような飲みものにすること」

紅茶王トーマス・リプトンが生まれたのは、1850年。

貧しいアイルランドの農民だった両親が、ジャガイモ飢饉から逃れるために移住したスコットランドのグラスゴーにあるスラム街で育ちました。

両親が経営する小さな食料品店を手伝いながら10歳の頃から自ら学費を稼ぎ、13歳で実業家になりたいという野望を抱き働きはじめます。15歳になると憧れのニューヨークに単身渡米。職を転々としビジネスの基礎を身につけ、19歳でイギリスに帰国すると、21歳のとき故郷グラスゴーに食料品店を開きます。

彼のモットーは、**「ビジョンをもち、決断し、素早く行動すること。それがチャンスを摑み、そしてチャンスを活かす道なのだ」**

この言葉どおり、利益はすべて店舗のチェーン展開に充て、毎週のように新しい店を次々とオープン。最終的には300店舗まで拡大し、海外にまで販路を展開していきます。

●ユーモアあふれる広告手法

急成長の核となったのが、彼の類いまれなマーケティングセンスです。

「商売繁盛には広告宣伝が必須」と早くから気づいた彼は、自ら発信者となり次々とアイディアを打ち出しました。

たとえば、**凸凹ビフォーアフターカガミ**。

店の出入口にそれぞれ鏡を設置し、入口には痩せて映る鏡に「私はLiptonの店に行きます」と書かれた看板を、出口には太って映る鏡に「私はLiptonの店から出てきました」と書かれた看板を立てたのです。まるで、遊園地にあるようなアイディアカガミ見たさに客が次々と店に押しかけました。

それだけで終わらないのがリプトンです。彼はこのアイディアをもう一捻《ひとひね》りしました。次に痩せた人たちと太った人たちをアルバイトとして雇い、痩せた人には「私はLiptonの店に行きます」、太った人には「私はLiptonの店から出てきました」というプラカードを持たせ、街を練り歩かせたのです。予想どおり、このパフォーマンスはさらに大きな話題を呼び、客が殺到しました。

子どもから大人まで、「次はどんなサプライズが登場するのだろう」と待ち望むようになり、リプトンはそんな期待を遥かに上回るプロモーションを打ち出し、街中の人たちを喜ばせました。

「広告とはユーモラスであるべきで、それを見てクスっと笑いを誘い、ついつい誰かに話したくなり、伝播されるものでなければならない」というのが彼のモットーです。

これは明らかに現代のSNS社会にも通用する、バズマーケティングに通じるものです。なんと彼は20年もの間、毎日新しいアイディアを出し続けたといいますから、飛び抜けたセンスの持ち主です。

●茶園経営に乗り出し、「世界のLipton」へ

ビジネスの転機は、1888年に訪れます。

彼が38歳のときに手掛けた紅茶事業への進出です。

「紅茶スパイ作戦」（135ページ参照）が功を奏し、イギリス帝国産紅茶が一般にも普及しはじめ、空前の紅茶ブームが到来したのです。当時の紅茶流通システムを調べる

と、複数の卸業者のディーラーや仲買人のブローカーが絡み合い、それでも利益が大きいことに着目しました。

庶民でも手が届くようになったとはいえ、まだまだ高価だった紅茶。直接仕入れによって最低でも30%の値下げが実現すると確信し、満を持してオリジナルブランドを発売します。

Lipton紅茶は、ただ安いだけではなく、どの店よりも香りも味も良く高品質でした。しかも、紅茶の味が水の味に左右されることに着目し、「**あなたの住むエリアの水質にあわせた完璧なブレンド**」を商品戦略に打ち出し、大ヒットします。

徹底的に消費者の立場に立った商品づくりが顧客の心を摑み、〝Lipton以外の紅茶は飲めない〟という心理にさせ、ティーパッカーのパイオニアとして、一躍イギリス中に名を馳せたのです。

イギリスで成功者となったリプトンには、もうひとつの使命がありました。紅茶を世界中に広めることです。

次に挑んだ戦略は「Direct from the tea garden to the tea pot.（茶園から直接ティーポットへ）」。つまり、茶園経営に乗り出したのです。

彼が目をつけたのは、インドの隣にある小さな島国、セイロン島（現在のスリランカ）です。１８９０年、自ら現地へ出向き、次々と茶園を買収、コロンボ市内に「リプトンサーカス」と呼ばれる拠点を起き、大規模プランテーション経営をはじめます。

彼はオーナーとしても類稀なビジネスセンスを発揮し、翌年には所有茶園の茶葉がロンドンオークションで史上最高値を記録。名声は海を越えて広がりました。

世界マーケットを相手に「茶園と消費者をダイレクトに結ぶ商取引」を成功させ、「ユニオンジャックはためくところ、Lipton紅茶のない国はない」といわれるほど、イギリスを代表するグローバル企業へと成長させたのです。

この功績によりリプトンは、王室御用達の栄誉を授かり、１８９８年にはヴィクトリア女王より「Knight（騎士）」の称号を、１９０２年にはエドワード7世から準男爵の称号を授かり、貧しい労働者階級出身の彼が「サー・トーマス・リプトン」として、英国貴族の仲間入りを果たしたのです。

ちなみに、**日本で初めて輸入販売された紅茶もLipton です。**

昭和時代、「リプトンイエローラベル」は日本人にとって紅茶の代名詞となり、紅茶＝セイロンティーというイメージが広まりました。

　リプトンは大富豪になってからも私利私欲に走ることなく、「**商売ほど楽しいものはほかにない**」と書かれた座右の銘を掲げたオフィスで一人夜を明かすこともあったといいます。

　ぜひ、Lipton紅茶をいれる際には、彼が実践した様々なイノベーションと、そこにある想いも味わってみてください。

Knightの称号を授かるリプトン
（1938年当時のLipton広告）

紅茶を知るための 映画作品7本

『タイタニック』

Titanic

1997年製作　ジェームズ・キャメロン監督

1

イギリス階級社会の縮図ともいえるタイタニック号の船内。紅茶にまつわるシーンも多く登場します。アフタヌーンティーのシーンでは、レディの象徴である帽子と手袋を身につけたまま紅茶を飲む華やかなテーブル。その隣で母が娘に礼儀作法の躾《しつけ》をするナーサリーティーの姿が。まるで、階級に縛られたローズの窮屈な人生が浮かび上がってくるようです。

また、衝突が迫る中、スミス船長が手にした紅茶はアメリカ式のレモンティー。イギリス人の船長は結局口にすることなくその場を離れ、その後悲劇が訪れます。

細部にまで再現されたエレガントなコーディネートや一等客室専用の陶磁器や銀器も熟視してみてください。

2　『ゴスフォード・パーク』

Gosford Park

2001年製作　ロバート・アルトマン監督

　自身も爵位を持つ貴族でもあるジュリアン・フェローズの脚本作品。1932年のカントリーハウスを舞台に、上流階級（階上）と使用人（階下）の間で複雑に交錯する人間模様とイギリスの階級社会の闇を描いたミステリー作品。

「お茶は４時、ディナーは８時、真夜中には殺人を……」というキャッチコピーのとおり、華麗なティータイムも多く登場するだけではなく、紅茶に入れるミルクは先か後かなど、階級によるマナーや食器の違いも、時代考証含めて細かく描かれています。

　大人気ドラマ『ダウントン・アビー』シリーズは、この作品からのスピンオフ。ダウントニアンも必見です。

3　『マイ・フェア・レディ』

My Fair Lady

1964年製作　ジョージ・キューカー監督

　1910年代初頭のロンドンを舞台にしたミュージカル映画。オードリー・ヘップバーン演じる下町生まれの花売り娘が、上流階級の作法や言葉遣いを習得し、華麗なレディへと変身を遂げるシンデレラストーリーの中に、階級によって異なるイギリスのティーマナーを見て取ることができます。

　特に、紳士淑女たちが集うロイヤルアスコットと舞踏会デビュー後のティータイムのシーンでの所作を比較して見てみると、紅茶のいただき方や陶磁器をあつかう指先にも、洗練されていく過程が見事に描かれています。

4 『ハリー・ポッターとアズカバンの囚人』

Harry Potter and The Prisoner of Azkaban

2004年製作　アルフォンソ・キュアロン監督

物語のファンタジーな世界から、イギリスの文化や暮らしに関心を持ちはじめたという人も多いはず。紅茶を飲むシーンも数多く出てきますが、興味深いのが『ハリーポッターとアズカバンの囚人』に出てくる紅茶占いの場面。ホグワーツ魔法魔術学校の授業で、ハリーがティーカップの底に残った茶葉の形を読み解きます。現れたのはグリム（死神犬）、先生から不吉な死を予言され、これが物語の伏線となります。

紅茶占いは19世紀ヴィクトリア時代に大流行した英国らしい優雅な占い。フォーチュンテリングカップという占い専用のカップは今も大人気です。

5 『ミス・ポター』

Miss Potter

2006年製作　クリス・ヌーナン監督

世界中で愛され、出版120周年を迎えた絵本『ピーターラビット』の作者、ビアトリクス・ポターの半生を描いた作品。舞台は1900年代初頭のイギリス。産業革命によって力をつけたヴィクトリア時代のアッパーミドルクラス（上位中産階級）の生活スタイルや女性の生きざまが細かく描かれています。

バラが咲き乱れるお庭でのガーデンティーのシーンをはじめ、ティータイムも多く登場し、英国人のライフスタイルに自然と溶けこむ紅茶の存在に触れることができます。

『ボヘミアン・ラプソディ』 6

Bohemian Rhapsody

2018年製作　ブライアン・シンガー、
デクスター・フレッチャー監督

イギリスが生んだ伝説のロックバンドQueenのボーカル、フレディ・マーキュリーは大の親日家。

和洋折衷様式に設えた邸宅ガーデンロッジで着物風ガウンを羽織り、伊万里風のティーカップを扱う指先の繊細な所作は、「ジャポニズムのお茶会」を連想させるシーンです。

また、ゾロアスター教徒の一家に生まれたフレディーが、家族と一緒にティータイムをするシーンでは、エリザベス女王の肖像画が飾られた部屋で、紅茶とともにインドのお菓子が振る舞われる「パールシーのお茶会」の様子が鮮明に映し出されています。

『日の名残り』 7

The Remains of the Day

1993年製作　ジェームズ・アイヴォリー監督

ノーベル文学賞を受賞したカズオ・イシグロ氏の小説を映画化した作品。舞台は第二次世界大戦終結後の貴族の館「ダーリントン・ホール」。執事スティーブンスの回想シーンに、古き良き英国の伝統や執事の品格が随所に散りばめられています。

印象に残るのは、貴族の格を象徴するシルバーのティーセットを磨くシーン。銀器は代々継承される財産のため、新しい銀器＝新興階級とみなされることもあり、使い込まれた艶のある古銀に磨きあげる技は、バトラーズフィニッシュ（執事の仕上げ）と呼ばれ重要な仕事のひとつでした。戦後一大ブームとなったティーダンスも登場します。

Chapter 4

ビジネスパーソンとして知っておきたい世界のお茶文化

――11の国と地域を旅する

茶史を知ったところで、気づいたことはありませんか？　お茶は中国、日本、イギリスだけではない。関係国・周辺国にも伝わり、独自の文化へと発展したにゃ。そこで本章では、世界のお茶文化について解説していくにゃ〜。

ティーロードから紐解く　「ＣＨＡ」と「ＴＡＹ」

中国から発祥したお茶は、ティーロードを経て世界中へ伝えられていきました。

世界にはいくつもの言語がありますが、不思議なことに「茶」を示す言葉は非常に似通った2種類の名前で呼ばれています。

それは、ＣＨＡとＴＡＹ。

これを世界地図の中に置き換えてみると、それぞれの共通点が浮かび上がってきます。

ティーロード　陸路と航路

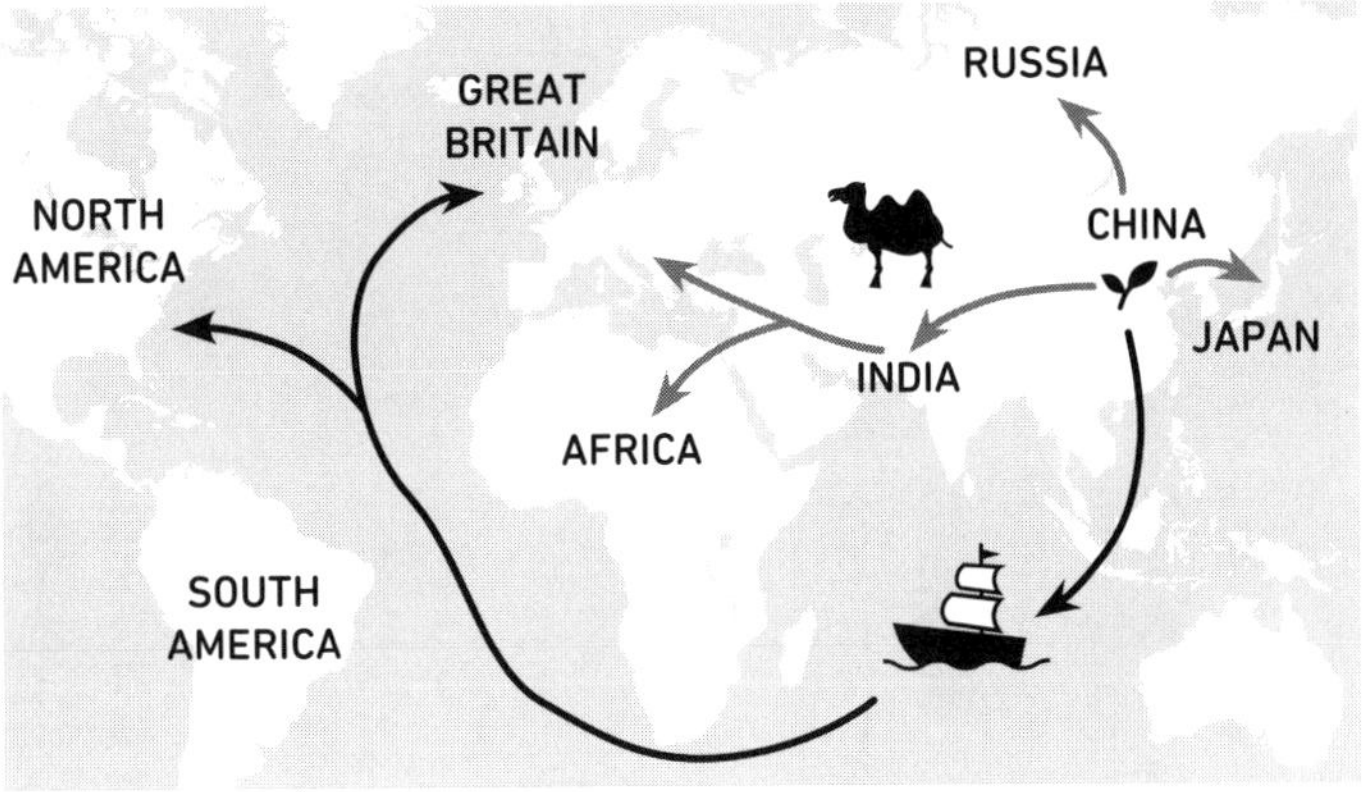

世界の「茶」の呼び名

広東語系（陸路）　（チャ） cha

日本	韓国	モンゴル
cha（チャ）	cha（チャ）	chai（チャイ）

ロシア	トルコ	チベット
chay（チャイ）	chay（チャイ）	ja（ヂャ）

インド	イラン	アラビア
chai（チャイ）	cha（チャ）	shay（シャイ）

福建語系（海路）　（ティ） tay

マレーシア	スリランカ	インドネシア
teh（テー）	thay（テーイ）	teh（テー）

イギリス	オランダ	スペイン
tea（ティー）	thee（テー）	te（テ）

フランス	ドイツ	イタリア
the'（テ）	tee（テー）	te（テ）

参考資料：茶の呼称図（橋本実氏作成）

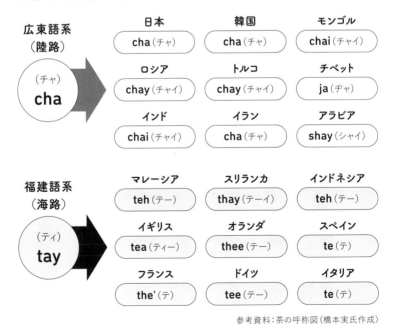

広東語を語源として派生したＣＨＡのグループは、主に陸路を経由し、福建語を語源として派生したＴＡＹのグループは、主に海路を経由し、茶が伝播したと推察されるのです。

その国について知りたいと思ったら、お茶が何と呼ばれているのか探ってみてください。

何百年もの昔、お茶がどのように伝わってきたのかというルートがうかがえます。

世界の街道はシルクロードだけではない！
魅惑のティーロード探検

世界中に広まったお茶は、単なる嗜好飲料にとどまらず、文化として波及していきました。長い歴史の中で、同じお茶であっても土地の気候や風土にあわせて、美味しく飲むために趣向を凝らし、様々な喫茶法が生まれたのです。

また、時代背景にあった政治や宗教とも複雑に絡みながら発展を遂げ、お茶の飲み方だけではなく、茶器や茶菓子、もてなしの方法に至るまで、多様な文化が形成されてきました。

ここでは、「世界のお茶紀行」というテーマで、様々な国のティースタイルやバリエーション、お茶文化のトレンドをご紹介していきます。

お茶の文化を知っておくだけで、
海外旅行や出張が数倍愉しめるにゃ。

イギリス

7つのティータイムに
囲まれた紅茶の国

イギリス人も普段は、ティーバッグで紅茶を飲む

「イギリス人は仕事の合間にティータイムを取るのではなく、ティータイムの合間に仕事をしている」

そう茶化されることもあるほど、紅茶好きな国、イギリス。

お目覚めの一杯のモーニングティーからはじまり、午前中のティーブレイク・イレブンジズ、午後のティーブレイク・ミッドデイティー、軽い夕食と一緒にハイティー、寝る前のひとときアフターディナーティーと、たくさんのティータイムに囲まれています。

朝から晩まで、日課表のようにティータイムがあり、まるで紅茶を飲みながら生活のリズムを刻んでいるかのように習慣化されています。

「**イギリス人は、優雅なアフタヌーンティーを毎日しているの？**」

よく質問されることですが、答えはノー。

海外の人から、「日本人は、みんな茶道をするの？　抹茶を毎日飲むの？」と聞かれ

るのと同じことで、どちらの国もティーセレモニーは非日常のフォーマルな習慣。

日々のティータイムは、日本人の私たちが「お茶でもいれてひと息つきましょうか」と、気軽にお茶を愉しむ風景と全く一緒です。

しかも、急須と茶葉を使っていれる日本のお茶と比べると、イギリスはかなりカジュアル。**マグカップにティーバッグを放り込み、お湯を入れるだけという手軽さです。**

人生初のお茶会「洗礼式クリスニングティーパーティー」

現在のイギリスでは、どのような機会にフォーマルなティーパーティーを開いているのでしょうか。

ひとつは、英国王室主催のガーデンティーパーティーや大使館のパーティー、そしてビジネスの商談会や新商品発表会など、パブリックなイベントとしてアフタヌーンティーが用いられています。また、結婚記念日や誕生日など、人生の節目となるプライベートな記念日にも特別なお茶の時間があります。
お食事のおもてなしに比べて気軽に開くことができ、沢山の人が参加できるティータイムのおもてなしは、ゲストにもホストにもメリットがあるようです。

セレブレーションと呼ばれる祝祭の中でも、人生で初めてのお茶会が「**クリスニングティー**」です。

クリスニング（Christening）はキリスト教の洗礼命名式のこと。
英国国教会への入信を表し、クリスチャンネームを授かるセレモニーなのですが、儀式であると同時に赤ちゃんのお披露目をする意味合いもあります。

一例として、英国王室に伝わるクリスニングをご紹介します。
ロイヤルベビーは、王室に受け継がれるクリスニングガウンと呼ばれる白いドレス姿で、ファミリーと一緒に礼拝堂へ向かいます。そこに、百合のモチーフが施されたリリーフォントと呼ばれる特別な聖水盤が用意され、イエス・キリストが洗礼を受けたとされるヨルダン川から運ばれた聖水をベビーの頭部に注ぐ、というのがヴィクトリア女王の時代からの伝統です。

セレモニーのあとに開かれるのが、クリスニングティーパーティー。

ここで赤ちゃんは、生まれて初めて紅茶をいただきます。

「銀のスプーンをくわえて生まれた赤ちゃんは幸せになれる」

そんな言葉もあり、英国では古くからクリスニングのお祝いとしてシルバーのスプーンやカップを贈る習慣があります。ゴッドファーザー（代父）からプレゼントされた銀のクリスニングカップに洗礼式用の紅茶を入れ、口に含ませ健やかな成長を願います。

小さな紳士と淑女のお茶会「ナーサリーティー」

英国では、ティーマナーや社交術を身につけることは、紳士・淑女にとって必須科目。

子どもの頃から「**ナーサリーティー**」というお茶の時間を通して作法を学びます。

ナーサリー（Nursery）というのは、子ども部屋の意味。日々のティータイムの中で、

イギリス式「お食い初め」

日本でいえば、お食い初めや百日祝いと似たような行事。生まれてきた子どもが、「食べものに困ることがありませんように」「健やかに成長しますように」と願うのは世界共通です。

体験を通して、楽しみながら礼儀作法や美しい身のこなしを学んでゆくのです。

初めはお気に入りのティディベアやお人形さんと一緒に、ミニチュアサイズのナーサリーティーセットを使って、子ども同士でおままごとのようなお茶会からはじめます。

一人でカップが持てるようになると、子どものサイズにあわせた小さなカップを手にして、実際に紅茶を飲みながら、お茶の時間を過ごします。

そして、ひととおりのマナーを習得すると、家族と一緒に大人のアフタヌーンティーの時間にも同席するようになり、パブリックスクールでのティーパーティーなどでブラッシュアップし、18歳で成人を迎える頃には、ホスト・ホステス役としてのスマートな立ち居振る舞いが自然と身につくというわけです。

ナーサリーティーの習慣が誕生したのはヴィクトリア時代。

アフタヌーンティーが大好きだったヴィクトリア女王のために、9人の子どもたちが、ベビーシッター兼教育係であるナースメイドと一緒に、お茶会を開いたそうです。

直筆の招待状を書き、ティーテーブルを設え、お庭で摘みとった花を飾り、小さなティーポットでお茶をいれたりと、日頃のナーサリーティーの成果を発表する場でもありました。

ナーサリーティーの習慣は、王室の中でも受け継がれています。

エリザベス女王が日々欠かさず日課とされていたのが、お目覚めのモーニングティーと午後のアフタヌーンティー。紅茶と一緒にビスケットやフィンガーフードを優雅に愉しまれていたそうです。

チャールズ国王は幼少期から紅茶とビスケットが大好きで、自身のオリジナルブランド「ハイグローブ」でも、こだわりのティーグッズと一緒にオーガニックの紅茶やビスケットを展開しています。

ナーサリーティーが育むものは、その人の品位だけにとどまりません。

紳士・淑女としての「ノブレス・オブリージュ」――「Noblesse（貴族）」と「Oblige（義務）」、つまり、高貴な地位には社会的な責任と義務が伴うという精神や、英国文化を育て、次世代へとつなぐ継承者としての役割を学ぶ、心を育てる時間でもあります。

チャールズ国王流の Noblesse oblige

英国のティータイムを象徴する陶磁器ブランド「バーレイ」が経営危機に陥った際、チャールズ国王の慈善事業財団が約8億円の出資。3年もの年月をかけて再生させたことも有名です。

イギリスの紅茶文化の象徴といえるアフタヌーンティーについては、Chapter 7でじっくり解説するにゃ。

イギリスのティーカルチャーの特徴

- 一日のなかで、時間割のようにティータイムが習慣化している。
- 普段はティーバッグの紅茶&ビスケットで気軽に愉しむ。
- パブリックなイベントや記念日にはティーパーティーが開かれる。

ロシア

ロマノフ王朝から続く
紅茶大国

Russia

ロシアンティーって何？

ロシアンティーと聞くと、どのようなお茶をイメージされますか？

「紅茶が入った細長いグラスに添えられているイチゴジャムを入れて、長いスプーンでクルクル回して飲むお茶」

こう答えるのが日本人。

「紅茶にレモンを浮かべて、ウォッカやラム酒を入れて飲むお茶」

こう答えるのがイギリス人。

国によってイメージが異なるのが面白いところ。謎に包まれたロシアンティーを紐解きます。

「そもそも、ロシアで紅茶が飲まれているの？」

そう疑問を抱く人も多いかと思います。意外にも、ヨーロッパにおいて、**ロシアはイギリスに次ぐ紅茶大国**。ロシアンティーの文化は広く浸透し、ロマノフ朝から続くお茶好きな国です。

ロシアでは、お茶は「チャイ」と呼ばれています。

その言葉の響きからも、ヨーロッパの多くの国々には海路からお茶が伝わったのに対して、ロシアへは陸路にて伝播したことがわかります（183ページ参照）。

ロシアは中国に近い土地柄から、ヨーロッパ諸国とは異なるルートでお茶が伝来しました。

17世紀初頭に中国大使からロシア宮廷にお茶が贈られ、1689年ネルチンスク条約が締結しシベリアルートのティーロードが開通、正式な交易が始まります。

1.3万kmにおよぶ「お茶ロード」

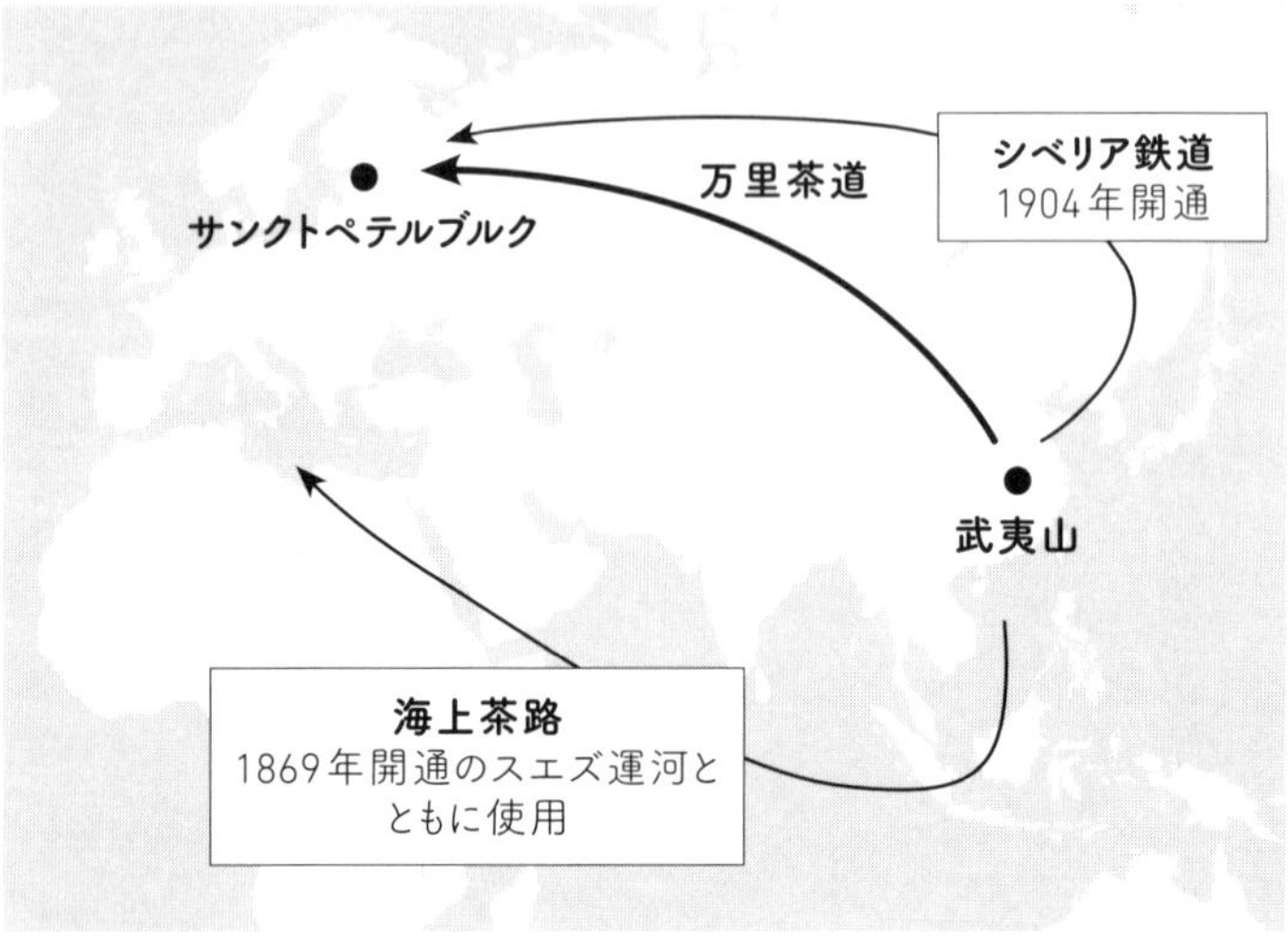

万里茶道

南は福建省武夷山からはじまり、福建、江西、安徽、湖南、湖北、河南、河北、山西、内モンゴルの9つの省区を経て、モンゴルのウランバートルを経由し、最終的にはロシアのサンクトペテルブルクに到達するルート。沿線には世界の文化遺産も数多く残され、“一帯一路”構想の重要な構成要素としても機能しています。

「砂漠の船」ともいわれるフタコブラクダの背に積まれた茶は、ラクダの隊商キャラバンによって運ばれました。

喜望峰まわりの海路と比べると、陸路のほうが一見効率が良さそうに感じますが、中国から出発し、モンゴル・シベリアを越える1・3万kmにも及ぶルートは「万里茶道」とも呼ばれ、1年以上を費やす過酷な交易路でした。

実際、1869年スエズ運河の開通とともに陸路に代わって海路が使われるようになりました。

興味深いことに、**お茶の流行の経緯もイギリスとロシアは非常に似通っています。**

17世紀、当初は薬として宮廷内で愛飲されはじめたお茶は、18世紀、エカテリーナ2世の統治に入ると、優雅な社交として貴族から中産階級へと広まり、19世紀にかけて一般にも浸透していきました。

また、緯度が高く寒さが厳しいことから、アルコールが日常の中に蔓延し中毒者が多く、お酒の代わりにお茶を飲む習慣が奨励された点、独自の茶道具やいれ方を生み出し、文化にまで発展させた点など、多くの共通点が見られます。

エカテリーナ2世

（1729-1796年）

ロシア・ロマノフ朝の女帝（在位1762-96年）。プロイセンのフリードリヒ2世やオーストリアのヨーゼフ2世とともに啓蒙専制君主の代表としてロシアの強大化を推進。ロシア帝国の領土をポーランドやウクライナに拡大しました。

ロシアの紅茶文化を象徴するサモワール

そんなロシアの紅茶文化のシンボルが、帝政ロシア時代（1721－1917年）の大発明とも称される「**サモワール**」です。

ロシア語で「**ひとりでに沸く**」という意味を持つ、お茶用湯沸かし器のことです。

緯度が高く寒さが厳しいロシアでは、当時から一日に7～8杯のお茶を飲んでいたのですが、そのいれ方は中国式とも英国式とも異なる独特の方法が考案されました。

朝起きたらサモワールに水を入れて湯を沸かします。次にポットに茶葉を入れて、サモワール本体の蛇口を捻り、茶葉が浸るくらいの湯を入れ、濃いめの紅茶液（サヴァルカ）を作り、上部のポット受けの上に乗せ、蒸らします。

ここがロシア式抽出法のポイント。茶葉を蒸らすことでエグミや渋みを和らげる作用があるのです。

茶葉を抽出したら、金属製ホルダー付きのガラス製ティーカップ「スタカン」にポットからザヴァルカを3分の1程度注ぎ入れ、本体の蛇口を捻りお湯で割り、好みの濃さに濃度を調整して出来上がりです。

いれ方も独特なら飲み方も独特。

チャイといってもミルクは入れずにいただきます。私が現地で習ったロシア流のスタイルは、**まずは固まりの砂糖を口に入れ、紅茶を少しずつ飲む**という方法です。

小ぶりの砂糖にラム酒を少し浸し口に入れ、サモワールで抽出した濃厚な紅茶を少しずつ飲んでいくと、エグミや渋みが和らげられ、驚くほど美味しくいただくことができるのです。

昔は砂糖が貴重だったことから、**砂糖の代わりにヴァレーニエというロシア風のジャムを口に入れたり、農村部ではジャムを直接カップに入れ、かき混ぜる習慣もあったようです。**

ソビエト連邦時代のサモワール

冒頭でお話しした「ジャムを入れて長いスプーンでクルクル回して飲む」というイメージは、そんな現地での飲み方が退役軍人などを通じて戦後の日本に伝えられたのではないかと考察されています。

ソビエト連邦時代には茶栽培も

18世紀、イギリスと同じようにロシアでもお茶は大変貴重だったため、お茶を嗜むことは上流階級の贅沢な社交として広まりました。

当時、茶室の中心を飾ったのが贅沢すぎる茶道具「**憧れのロココ調サモワール**」。美術工芸品のような美しいロココ調の装飾が施された銀製のサモワールを職人たちに競って作らせ、ステイタスシンボルとなりました。

19世紀になると、機械化が進みサモワールの大量生産が可能となり、一家に一台ある生活必需品となりました。

冬場には、部屋をあたためながら蒸気で加湿もできるという暖房器具の役目もあったため、給料1か月分ほどの大金をかけて、好みの素材（真鍮や銅、ニッケルなど）やデザインのサモワールを手に入れたといいます。

そして、お茶を飲む習慣は一般に広く浸透し、シベリア鉄道の車中や駅にも、自由にお茶が飲めるようにとサモワールが設置されました。

そうした背景から、20世紀に入る頃には紅茶消費量が増え、イギリスに次いで世界第2位の輸入量に。ソビエト連邦時代には、自国の領土内での紅茶栽培がはじまります。

1930年代、グルジアを中心としてアゼルバイジャン、グラスノダールでも生産が行われ、1989年には年間12万トンの茶が生産された記録があります。

Break Time

ロマノフ王朝の秘宝

18世紀のロシアでは、サモワールを持つことがステイタスシンボル。サモワールを所有するような邸宅には専用の茶室があり、そこで貴重な中国のお茶を愉しんでいました。

イギリスのシルバーのティーセットと同じように、代々受け継がれる財産でもあり、専門の職人さんによって、金銀細工の豪華なロココ調サモワールが次々と誕生したのです。

そんな芸術品のようなサモワールも、**ロシア革命によってロマノフ王朝が滅亡したあと、秘宝として世界中へと散らばっていきました。**

ロマノフ朝の“豪華すぎるサモワール”は、今では絶対に作れないといわれ、アンティークコレクターたちの間で珍重されています。

日本でも、ホテルやレストランで目にする機会もありますので、チャンスがあれば本格ロシア式紅茶を味わってみてください。

ところが、**チェルノブイリ原子力発電所事故（1986年）やソビエト連邦解体（1991年）のあおりをうけ、ロシアでの茶栽培は壊滅状態となっています。**

それでもお茶を飲む文化は廃れることはなく、現在は電気ポット型のサモワールを使い、気軽にお茶の時間を愉しんでいます。

ロシアのティーカルチャーの特徴

- 西の紅茶大国イギリスと、東の紅茶大国ロシアは、歴史・文化など共通点が多い。
- 小ぶりの砂糖を口に入れ、サモワールで濃いめに抽出した紅茶と愉しむ。
- 現在はポット式のサモワールでお茶を飲む。

Break Time

ロシアとイギリスを結んだ レモンティー

イギリスでロシアンティーというと、ジャムではなく「レモンを入れた紅茶」のこと。

「英国ではミルクティーが主流でレモンティーは飲まない」というのは定説ですが、実はヴィクトリア時代にイギリスでロシアンティーがちょっとしたブームになったことがありました。

ヴィクトリア女王には9人の子どもがいましたが、娘たちをヨーロッパ各国に嫁がせ、のちに“ヨーロッパの祖母”と呼ばれるようになります。

19世紀後半、ロマノフ朝第14代にして最後のロシア皇帝ニコライ2世に嫁いだ孫娘アリックスに会うために、女王がロシアへ訪問したときのこと。遠路はるばるやってきた大好きなおばあさまのために、サモワールでいれた紅茶に貴重な南国のフルーツであるレモンを浮かべて一緒にティータイムを愉しみました。

女王は異国の地で初めて味わうレモンティーを大変気に入り、可愛がっていた孫娘の思い出とともに胸に深く刻まれ、帰国後も愛飲するようになったといいます。

時はヴィクトリア後期、アフタヌーンティーの文化が一番華やかだった時代、フレッシュレモンを紅茶に浮かべて愉しむ女王の姿は、宮廷内でも話題となりました。

アリックスはその後、ラスプーチンに傾倒。ロシア革命の足音が近づきます。

香りは記憶を呼び起こしてくれます。ロシアンティーを飲みながら、孫娘との幸せなひとときに思いを馳せていたのでしょう。

フランス流
エスプリと紅茶の美学

フランス

ルイ14世を苦しめた「痛風」

フランスのお茶の歴史は、王の深刻な悩みからはじまります。

宮廷文化が花開いた1630年代、オランダ東インド会社からお茶が持ち込まれました。

ブルボン朝第3代国王ルイ14世は、東洋からやってきた茶に興味を示していました。それは、飲みものとしての茶ではなく、薬としての茶です。

ルイ14世を苦しめていたのは、「帝王病（Disease of kings）」と異名を取る痛風。原因は贅沢な食生活にある、現代でいう生活習慣病です。

文字どおり「風が吹いただけで激痛が起こる」辛い痛風に効果が期待できる秘薬として、医師から処方されたのがお茶でした。

西洋の多くの王たちが悩まされている痛風は、東洋人には無縁の病。その秘密は日常的に飲んでいた万病の薬、お茶にある。しかも、飲めば飲むほど寿命も伸び、若返りの効果もある……。

ルイ14世
（1638-1715年）
ブルボン朝の最盛期を築き「太陽王」と呼ばれたフランス国王。「朕は国家なり」の言葉で知られ、王権神授説を掲げて絶対君主制を確立しました。ヴェルサイユ宮殿を建設したことでも有名。

そんな噂を信じて、王侯貴族たちの間でお茶を飲むことがブームとなり、競うように一日何十杯と飲んでいたといいます。

1664年にはフランス東インド会社を設立、お茶の取引を始めます。

その時代、薬として薬局で扱われていたお茶は大変高価で、王侯貴族しか口にすることができない贅沢品でした。同時期に入ってきた「茶、コーヒー、ショコラ」の中でも、人気は次第とコーヒーやショコラに移っていきカフェ文化として定着、お茶の文化はフランス革命とともに一時衰退します。

ラデュレ、アンジェリーナ、フォション……「サロン・ド・テ」大旋風

19世紀、革命の混乱が落ち着くと、新興階級ブルジョワジーの出現や紅茶の誕生とともに、お茶文化が少しずつ復活をみせます。

1854年にはフランス初の紅茶専門店「マリアージュ・フレール」が創業（下画像）。茶葉の量り売りや茶器を扱うメゾン・ド・テが誕生しました。

さらに、**パリを中心にサロン・ド・テと呼ばれるフランス流のティーサロンも登場**すると、カフェとは一線を画し、女性が自由に出入りできる社交の場として賑わいました。

日本でマカロンブームの火付け役となった「ラデュレ」や、モンブランで有名な「アンジェリーナ」、バブル期の日本にアップルティー旋風を巻き起こした「フォション」なども、この時代にオープンした老舗です。

そんな歴史的背景もあり、今でもフランス人にとっては「紅茶＝高貴な飲み物」というイメージがあるようです。

そこで浮かぶのは、「フランスにもアフタヌーンティーはあるの？」という疑問。

フランスにも「Le Goûter（ル・グテ）」と呼ばれる午後のお

茶の時間はありますが、紅茶とともに3段スタンドにサンドイッチやお菓子が並べられているあの風景は、あくまでも英国式のスタイル。

世界的に人気があることから、20世紀後半、フランスのホテルやサロン・ド・テでも、英国式の3段スタンドというアイコンを取り入れ、フランス流にアレンジしたアフタヌーンティーを提供するお店が出現しました。

その特徴をあげてみると、紅茶はフランス流のフレーバードティーが中心。サンドイッチと一緒にアミューズが並んでいたり、定番のスコーンもイングリッシュスコーンではなくフレンチスコーンだったりと、英国式とはひと味もふた味も違いがあります（下画像）。

フランス流のアフタヌーンティー

日仏をつなぐカラー鉄瓶

そんなフランス流のアフタヌーンティーで人気があるお茶道具といえば、日本の南部鉄瓶。

90年代後半あたりから、パリのサロン・ド・テでは、パープルやブルーのビビットな色が施されたカラー鉄瓶のティーポットで紅茶をサーブする光景を目にするようになりました。鉄瓶といえば黒いイメージがある日本人には斬新に映るかもしれません。

鉄瓶は江戸時代から作られている日本の伝統工芸品で、岩手県旧南部藩主の城下町盛岡で誕生したことから南部鉄瓶とも呼ばれています。

以前、パリのマレ地区にあるマリアージュ・フレール本店に取材へ出向いたことがあります。

話を聞くと、カラー鉄瓶を考案したのは、マリアージュ・フレールのギャルソンと

南部鉄瓶
盛岡は古くから良質の原材料に恵まれた鋳物の町として知られていましたが、17世紀初め、茶人でもあった南部藩主が京都から釜師を呼び寄せ、茶道には欠かせない茶の湯釜を作らせたのがはじまり。その釜を、抹茶だけではなく煎茶にも手軽に使えるようにと改良したのが鉄瓶です。

のこと。

日本で見かけた鉄瓶に一目惚れをした彼は、盛岡の職人さんの鉄器工房へ出向き、葛飾北斎の絵を見せながら「**この鉄瓶に、フランス人が好む北斎ブルーの色をつけて欲しい**」と懇願、カラフルな鉄瓶が誕生したそうです。

その後、パリのサロン・ド・テで見かけたカラー鉄瓶を、お土産として日本に持ち帰るという逆輸入現象が流行しました。日本の伝統工芸品である鉄瓶にフランスならではのエスプリ（精神、知性）が融合したカラー鉄瓶は、いまや100種類を超え、20か国以上に輸出されるようになり、様々な国のティータイムに彩りを添えています。

フランスのティーカルチャーの特徴

- ✔19世紀に現在の紅茶シーンを彩るメゾン・ド・テやサロン・ド・テが勃興。
- ✔フランス流のアフタヌーンティーは、英国流とはひと味違う。
- ✔カラフルに彩られた日本の南部鉄瓶が大人気！

フランス流ジャポニズム茶会

パリで最も有名な日本人といわれる葛飾北斎は、印象派の画家たちに多大な影響を及ぼしました。日本でも人気のクロード・モネは紅茶愛飲家。ジヴェルニーにある「モネの庭」に画家たちを招き入れ、睡蓮の池や日本風の太鼓橋を前にティータイムを愉しんだといいます。

ドイツ

こだわりと趣向を凝らした紅茶愛

Germany

王侯貴族を虜にした日本の伊万里

「最高級ダージリンは日本とドイツが競り合う」

オークション会場でそう囁かれるほど、お茶にこだわりを持つのがドイツです。

ドイツにお茶がもたらされたのは、１６１０年頃。

オランダと国境を接するドイツ北海沿岸の東フリースラントから、オランダ東インド会社によって持ち込まれました。

ドイツの王侯貴族たちが夢中になったのは、お茶だけではなく、中国から運ばれてきた「磁器」でした。

当時のヨーロッパには磁器を焼く技術はなく、初めて目にする透けるような美しさに、たちまち魅了されたといいます。

中国からやってきたエキゾチックな磁器は「チャイナ」と呼ばれ、所有すること自体がステイタスシンボルとなり、コレクションブームが湧き起こります。

17世紀後半になると、磁器への関心はますます高まっていたにもかかわらず、中国国内で王朝交代の混乱が起こり、磁器の輸出が困難となってしまいます。

そこで、**オランダ東インド会社が目をつけたのが日本製の磁器でした。**

日本では豊臣秀吉が磁器に傾倒し、自国での磁器焼成を目論み朝鮮へ出兵。1609年に佐賀県・有田で磁器製作がはじめられていたのです。

江戸時代、鎖国のさなかにあった日本で貿易が許されていたオランダは、長崎の出島に商館を設置し、1650年頃から100年もの間、大量の有田焼をヨーロッパへ輸出しました。

公式には200万個ほど、非公式ルートも含めると推定700万個に及ぶ伊万里が海を渡り王侯貴族の館を彩ったのです。船が出るのが伊万里港だったことから、「IMARI」と呼ばれ一大フィーバーが起こりました。

特に**柿右衛門様式はヨーロッパ中で大流行し、中国磁器よりも高値で取引がされ、〝東洋の白い金〟と称され、その価値が狂騰しました。**

磁器への思いはますます高まり、コレクターの王侯貴族たちは、いつしか自分の手で磁器を焼成したいという思いを強く抱くようになり、秘法の解明に躍起になります。

18世紀初頭、悲願を達成したのが、異様なまでに磁器に取り憑かれたザクセン選帝侯アウグスト強王でした。１７０９年にヨーロッパで初めて磁器の製作に成功し、王立マイセン磁器製作所を設立します。

紅茶を飲む茶器も、初めは東洋の茶碗を模倣したハンドルのないティーボウルを作っていましたが、１７３０年代には、マイセンで現在の形に近いハンドル付きのティーカップを製作。次々とオーダーが舞い込み、一躍その名をヨーロッパ中に広めました。マイセン磁器の製造法は最高機密情報としていたにもかかわらず、盗み出された末にヨーロッパ中に知れわたるようになり、現在でもドイツには名窯が数多く残されています。

五感で愉しむ芸術的な紅茶流儀

ティータイムを大切にするドイツの中でも、世界トップレベルの紅茶消費量を誇る

ザクセン選帝侯アウグスト強王

（1670-1733年）
ザクセン選帝侯（フリードリヒ・アウグスト1世）およびポーランド・リトアニア共和国の王（アウグスト2世）。権力と怪力を誇り「強王」とも呼ばれていました。屈指の東洋磁器蒐集家としても知られ、マイセン窯を誕生させました。

BreakTime

シノワズリーの境地
磁器に魅せられたドイツ王たち

17世紀、シノワズリー旋風が巻き起こるヨーロッパにおいて、王侯貴族たちが最も傾倒したのが東洋の磁器コレクションでした。

深い教養を身につけた王たちは、美術・工芸品にも関心が深く、東洋からやってきた神秘的な磁器に並々ならぬ興味を示したのです。

収集した磁器で部屋中を埋め尽くす"磁器の間"づくりに熱狂し、やがて**磁器病**（**Porcelain sickness**）と呼ばれるまでになりました。

その中心となったのが、神聖ローマ皇帝の流れを汲む名門一族のドイツ王たちです。

現存する磁器の間としてヨーロッパ最大といわれるのが、**シャルロッテンブルク宮殿**（**Schloss Charlottenburg**）。17世紀末にベルリンを治めていたプロイセン王フリードリヒ1世によって建てられた離宮に残されています。

また、プロイセン王と競っていたのが、ザクセン選帝侯アウグスト強王です。現在のドレスデン一帯、ザクセン王国を治めていた強王によって建てられたツヴィンガー宮殿にも高名な磁器の間が存在します。

アウグスト強王は特に日本の磁器に熱狂しました。最大の野望であった伊万里で埋め尽くされた「**日本宮**（**Japanisches Palais**）」建設に向けて、マイセン磁器製作所設立後も収集熱が衰えることはありませんでした。王にとってマイセンは伊万里の模倣でしかなかったのです。

そのほか、ハプスブルク家の女帝マリア・テレジアも伊万里コレクターとして知られています。

シャルロッテンブルク宮殿「磁器の間」

エリアが、冒頭でご紹介した**東フリースラント**です。

毎回の食事のあとはもちろん、午前・午後のティーブレイクも生活には欠かせない日課となっていて、長くこのエリアに伝わるオリジナルの紅茶流儀も存在します。


紅茶は「**オストフリーゼンテー**（Ostfriesentee）」と呼ばれる独自の茶葉を使います。

この地域の石灰が少ない軟水にあわせて20種類以上の茶葉をブレンドした紅茶をティーポットで濃いめに抽出し、ポットウォーマーで保温した状態でテーブルにセットします。

ティーカップを用意したら、まずはカンディスという氷砂糖をティースプーン一杯ほど入れ、そこに熱々の紅茶を注ぎ入れます。耳を澄ますと、結晶がパチパチと鳴り響く音が聞こえてきます。

次にクリーム専用のスプーンを使って、フレッシュクリームをカップの縁からそっと注ぎ、雲のように浮かびあがってくるのを待ちます（右画

像）。

ここで、決して混ぜてはいけません。初めは、濃厚な紅茶とクリームを、そして少しずつ溶けはじめた甘い氷砂糖とのハーモニーを、時間の経過とともに刻々と変化する味わいをゆっくりと愉しむのです。

ポットの紅茶は3杯分、五感を駆使して愉しむ芸術的なティータイムの作法です。

「ティーパッカー」として紅茶ビジネスの先駆者になる

ドイツはダージリンを中心とする最高級紅茶の輸入国でもあり、**茶葉の貿易量は、21世紀に入ってから右肩上がりに伸びています。**

ベルリンの壁を挟んで、旧東西で文化の違いが残るドイツでは、東フリースラントを中心として、北部のエリアで広くお茶が親しまれていますが、続伸の理由はほかにあります。

それは、世界マーケットを視野に入れた紅茶ビジネスです。

世界中の茶産地から原料となる紅茶を厳選して買い付け、各国の顧客ニーズに応じてプロフェッショナルなティーテイスターがブレンドを行い再輸出する「ティーパッカー」としてのポジションを築きました。

紅茶はあくまでも農作物。その年に収穫された茶葉をそのまま味わうことも愉しみのひとつですが、安定した品質を求めるマーケットの需要も大きいものです。「鮮度」と「品質」どちらのニーズにも対応するという柔軟性でビジネスを拡大しているドイツは現在、ハンブルク貿易港を拠点に、茶貿易の中心的な役割を果たしています。

ドイツのティーカルチャーの特徴

- 紅茶消費量の高い東フリースラントでは、とにかく紅茶を飲む、飲む、飲む。
- EU全体の茶貿易におけるハブ的な役割を担う。

トルコ

東西文化の交差点
トルコのチャイ

トルココーヒーがメインではない

ティーロードを陸路で進んでいき、アジアとヨーロッパの交差路、ヨーロッパの玄関口がトルコです。食文化も独特で、世界三大料理を誇る美食の国でもあります。

トルコといえば、トルココーヒーをイメージされるかたも多いのではないでしょうか。たしかに、第一次世界大戦前まではモカコーヒーの産地として有名でしたが、**イエメンが独立したあとはコーヒー豆が高騰し、紅茶栽培へとシフトしていき、国策として紅茶生産をスタート。現在、世界第4位の生産量を誇る紅茶の国なのです。**

主産地は、トルコ北部黒海沿岸に位置する街リゼ。

1938年、地理的に近いグルジアから茶樹の種を持ち込み、農薬も添加物も使わず、カフェインの含有量も少ない、健康的な紅茶を生産しています。

「オーガニック+デカフェ（カフェインを取り除いたもの）」といったら、現在トレンドの紅茶ですが、トルコ産の紅茶を日本で目にすることは、ほとんどありません。

なぜかといえば、**トルコ人は大のお茶好きで、一人あたりの年間消費量は約3・2kgと世界一**（67ページ参照）。

国営企業チャイクール社をメインとして、自国栽培・自国消費するため、輸出量が極端に少ないのです。

紅茶のキャラクターはセイロンティーに近く、**クセがない茶葉に、アップルやアールグレイなどのフレーバーをつけたものが主流です。**

チャイダンルック(左）とチャイバルダーウ（中央）

トルコでも、お茶は「チャイ」と呼ばれていますが、インドのチャイとは全く異なり、ロシア式に近い抽出法が浸透しています。

日本のように「おもてなし」を大事にする

トルコで使用されているのは、「**チャイダンルック**」と呼ばれる2段式の紅茶器具。

これは、ロシアのサモワール（199ページ参照）の原理を応用し簡素化した器具。大小のポットを2段重ねにしたダブルポット式になっていて、下段の大きなポットに水を入れて湯を沸かし、上段の小さなポットに濃いめの抽出液を作り、そのまま火にかけて蒸気で蒸らします。

チャイハネ

トルコの街中では、いたるところで一日中お茶を愉しむ光景が見られます。チャイハネと呼ばれる寄り合い茶屋に集まっては、昼間からグラスを片手にお喋りをしたり、独特な形のトレイにチャイを乗せて運び、家族で愉しむことも。チャイはトルコの人々にとって生活の一部になっています。

飲むときには、「**チャイバルダーウ**」と呼ばれる小さな透明グラスに抽出液を入れ、好みの濃度にお湯で割り、たっぷりの砂糖を加えるのがトルコ流。ロシア同様、ミルクは入れずにいただきます。

トルコは日本と同じくらい「おもてなし」を大切にする国で、ゲストを迎えることが大好き。**旅行者にも甘いお茶とお菓子を振る舞い、ホスピタリティを表します。**

このようなトルコの習慣は、「喫茶去《きっさこ》」の姿勢によく似ています。お客様に対して、「よくいらっしゃいました。まぁ、お茶でも一杯いかがですか？」と、誰でも平等に迎え入れることで、初めて会う人でも、言葉が通じなくても、コミュニケーションが生まれる。それが、もてなしの作法であるという心構えです。

トルコのティーカルチャーの特徴

- ロシアのサモワールを応用した「チャイダンルック」でお茶をいれる。
- 街のいたるところにある**チャイハネ**はいつも賑わっている。
- 日本に負けない「おもてなし文化」が根付く。

魅惑の国モロッコの「激苦激甘」ミントティー

モロッコ

Morocco

爽快ストロングミント味？　でも癖になる

20世紀を迎え、紅茶の大量消費時代に突入すると、イギリスがインド、セイロンに次いで**「第三の紅茶生産地」に選んだのがアフリカ大陸です。**

まずは、ケニア、ウガンダ、タンザニアの東アフリカ3か国で茶栽培を開始、モノカルチャー（単一栽培）、大規模なプランテーション農法、そして近代的な工場設備によって、新興茶産地として急成長しました。

特に、ケニアは政治経済も安定し、アフリカ茶全体の約6割を占め、世界第2位の紅茶生産量を誇る主要国にまで発展しています（67ページ参照）。

そんな21世紀のホープと名高いアフリカで、お茶好きの国といえばモロッコ。

モロッコで愛飲されているお茶は、紅茶ではなく緑茶で、しかもモロッコは日本の茶道のような独特のお茶文化が形成されている国です。

「アッツァイ」と呼ばれるモロッコのお茶は、中国緑茶がベース。

ガンパウダーという火薬のように丸めた茶葉を専用のティーポットに入れ、熱湯を

大幅続伸したアフリカ茶の裏事情

アフリカが紅茶生産国として急成長した理由は、ティーバッグの普及。昔ながらのオーソドックス製法とは対峙せず、短時間に濃厚な紅茶を抽出できる「ティーバッグ向きの茶葉」を「効率よく大量生産」することに主軸を置いて続伸したのです。

注ぎ火にかけるのですが、その時にフレッシュなミントの葉を枝ごと投入し、塊の砂糖「スッカル」と一緒に煮出します。

モロッコには、もともとお湯にミントの葉を入れたハーブティーを飲む習慣がありました。18世紀頃、イギリス経由で入ってきた中国産の緑茶も、同じようにミントを加えて愉しむという独自の喫茶文化が形成されたのです。

ただし、**専用のグラス**（下画像）**に泡を立てながら注ぎ入れたお茶は、ミントティーという可愛らしいイメージからは程遠い激苦激甘茶。**それを朝から晩まで一日中飲むというから驚きです。

モロッコに駐在していた同僚曰く、初めはストロングミントの歯磨き粉を溶かして飲んでいるようで苦手だったのだけれど、お茶でのもてなしは大切なビジネ

スマナー。毎日飲んでいるうちに慣れていき、灼熱の地ならではの甘苦茶がスッキリ美味しく感じられるようになったそうです。

アッツァイの別名は「**モロカンウィスキー**」。
飲酒が禁じられているムスリムにとって、お茶はお酒の代わりにもなっています。刺激を求めるあまり、ブレンドするハーブもミントからはじまり、タイム、セージ、サフラン、松の実と刺激度もレベルアップしていくとのこと。中毒性があるお茶を飲む背景には、そんな宗教上の理由も隠されているようです。
だからでしょうか。モロッコには次のような諺が存在します。

モロッコの諺

Le premier verre est aussi amer que la vie,　一番煎じは苦いこと人生の如く、
le deuxième est aussi fort que l'amour,　二番煎じは強いこと愛の如し、
le troisième est aussi doux que la mort.　三番煎じは死の如く穏やかである。

イスラムの世界で繰り広げられる茶会
モロカンティーセレモニー

そんなモロッコには、日本の茶道を彷彿《ほうふつ》させるような「**モロカンティーセレモニー**」が存在します。

結婚式や記念日などのセレブレーションとして行なわれるおもてなしで、日々の生活の中で親しんでいるお茶の時間に特別な意味を持たせた儀式のことです（下画像）。

伝統的なセレモニーの一例をご紹介します。

茶室にキリム（平織物）を敷き詰め、床に茶道具を並べ、お香を焚き準備を整えます。

民族衣装を身に着けた男主人がバラの聖水で手を清

めたあと、打ち水をしてゲストを出迎えます。

大きな銀製のトレイの上に、ティーポットとグラス、砂糖入れ、ミント入れが並べられ、セレクトしたミントの説明をはじめます。そのあと、あぐらをかいてゲストの目の前でお茶を作り、高い位置からお茶を注ぎ入れ、ゲストに渡します。

ゲストは甘い茶菓子を食べながら、空気を含ませるように軽く音をたてて、3杯ほど繰り返し飲みます。

いかがでしょう、どことなく日本の茶道にも似ていると思いませんか？

日本の茶道の所作がキリスト教の影響を受けたという説も周知とはいえ、遠いアフリカの地で芸術的なティーセレモニーに出会うと、何とも不思議な気分になります。

モロッコのティーカルチャーの特徴

- 「第3の紅茶生産地」アフリカを代表するお茶好き国家。
- 日本の茶道を彷彿とさせる「モロカンティーセレモニー」は要チェック！

イスラム圏で「お茶好き」が多いワケ

イスラムの世界では、コーヒーもお酒に準ずるものとして規制されていた時代がありました。そのため、お茶が身近なものになったという背景があり、実はとってもお茶好きの国が多いのです。
日本と同じように「茶はもてなしの文化」。コミュニケーションツールになっています。

インド

灼熱の国
インドで生まれたチャイ

India

世界最大の「紅茶大国」が誇るスパイス入りチャイ

大航海時代、ヨーロッパの国々が巨万の富を手に入れようと目指したインド。その覇権争いに勝利したのがイギリスでした。

紅茶の産地としての歴史のスタートを切ったのは、植民地時代の1823年のこと。アッサム地方で自生していた茶樹が発見され、イギリス資本によって茶園の開拓が始まりました。

中国からの輸入茶に頼っていたイギリスですが、19世紀後半インド産の紅茶生産が軌道に乗ると、「帝国産紅茶」として、中国茶葉に取って代わるようになります。

ただし、**インドで一般の人々が紅茶を飲めるようになったのは、20世紀に入ってからのこと。第一次大戦後、労働者にもようやくティーブレイクが与えられるようになったのです。**そして、長きにわたって縛りつけていた隷属の鎖を断ち切ったのは、第二次大戦後のことでした。

独立後のインドでも、紅茶は主要輸出産業のひとつとなり、世界最大の紅茶生産量を誇る国となっています。

中国と並び10億人を超える国民の多くがお茶を飲むため、消費量も世界最大級。生活には欠かせないものとなっています。

そんなインドで、**お茶は「チャイ」と呼ばれています。**

日本人の私たちがチャイと聞いてイメージするのは、インド式のチャイのこと。手鍋を使って茶葉をミルクと一緒に煮出す方法で作った甘い紅茶です。

インドの街中でチャイの作り方を見ていると、強烈な火力のコンロで何度も沸かし立てています。茶葉を煮立てると雑味が出てしまいそうなものの、なぜこのような煮出し式のシチュードティーが定着したのでしょうか？

インドにお茶が普及しはじめた当初、上質な茶葉はすべてイギリスはじめ海外への輸出用で、国内で飲む茶葉はダストと呼ばれるグレードの茶葉でした。

ダスト＝塵・ホコリという意味からもわかるとおり、加工の段階でふるいを通って床に落ちるような細かな茶葉のこと。そのダストを美味しく飲むにはどうしたらよいか考えたとき、英国式に習いポットで抽出するのではなく、煮込むことによって茶葉のエキスを絞り出す煮出し式の方法を考案したといいます。

紅茶本来の香りが、ミルク臭で損なわれるというデメリットを補うために考えられたのが、スパイスを入れる方法です。スパイス大国のインドならでは、シナモン、カルダモン、ブラックペッパーなどのカレーに入れるようなスパイスを鍋に入れて一緒に煮込むことで、美味しくて香りもよく、栄養も摂取でき、スパイシーな料理にもよくあうチャイが完成し、日常の飲み物として定着したわけです。

飲んだあとは、容器を叩き割る

インドの街中を歩くと、道の両端にびっしりと**「チャイワラ」**（下画像）と呼ばれる屋台が並び、あちら

チャイとマサラティーの違いは？

インドの言葉で混ぜるという意味の「マサラ」から、スパイス入りのチャイのことを「マサラティー」と呼びます。

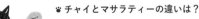

こちらで気軽にチャイを飲むことができます。

チャイは1杯20～30円。「クリ」という器に入れてくれます。

飲み終わったあとには、驚きの光景が。なんと、クリを勢いよく地面にたたきつけて割ってしまうのです。

「割ることで土に戻してあげるのさ」

たしかに、クリを手に取ると、土を固めただけにも見える素焼きの土器。雨が降れば土に戻っていくという考え方なのだといいます。

インドを訪ねたら、コルカタの喧騒の中で屋台のチャイにチャレンジするもよし、ダージリンの静寂に包まれてマハラジャが飲むような朝摘み高級茶を堪能するもよし。多彩な紅茶文化と出会うことができる国です。

クリの利用は持続可能な取り組み？

クリを作るのは、専門の職人さん。いまだにろくろを回しながら、一人で一日500個手作りするといいます。昔のカーストの名残とのことで、クリを廃止するとその人たちが収入源を失ってしまうこともあり、現在まで存続しているそうです。持続可能な社会SDGsの観点からも、資源循環になるのかもしれません。

インドのティーカルチャーの特徴

- 世界最大の紅茶産地インドに根付くのは、甘くてスパイシーなチャイ。
- チャイを飲み終わったら、空になったクリをたたき割る！

遊牧民のオアシス的存在の
バター茶

チベット

Tibet

強烈なにおいも、慣れると美味しい

チベットの人々も「チャ（発音はヂャに近い）」と呼ばれるお茶が大好き。朝起きたら茶をいれ、寝るまでの間に10杯ほど飲むといいます。

チベットにお茶が伝来したのは日本よりも早い7世紀。640年に中国の皇女がチベットの王にお輿入れしたのがきっかけといわれています。

牧馬に適さない中国では、中央アジアの遊牧民の馬と雲南省で作った茶を交換する「**茶馬交易**」が古くから行われてきました。茶の原産地である雲南省南部からチベット高原へかけてのティーロードは「**茶馬古道**」と呼ばれ、重要な交易路でした。

そんなチベットの遊牧民から広まったのが、**バター茶**。中国の固形茶を削って煮出し、ヤギやヤクのミルクとバター（次ページ画像）、塩を入れて、ドンモと呼ばれる大きな撹拌機で混ぜて作ります。飲む時にはティーポットに移し、木製の茶碗に注ぎ入れていただくという、ちょっと変わった飲み方です。

チベット仏教と祈りの茶

朝一番に作ったお茶は、必ず仏殿にお供えし、祈りの言葉を捧げてからいただきます。かつて、茶はすべて寺院で管理されていたこともあり、礼拝や祝祭にもお茶は欠かすことができません。なかには、一日に50杯も60杯も飲む僧侶もいるといいます。

実際にチベットでバター茶のおもてなしを受けたかたに話を聞くと、とにかく印象的なのが**ヤギのバターと黒茶が重なった強烈なにおい**。慣れるまで苦労したそうですが、思い切って飲んでみるとお茶というよりもスープのようで、何度も口にするうちに美味しく感じられたといいます。

もっとも、チベットの若い世代の間にはインド式のチャイが広まっているとのことでした。

また、バター茶の文化はチベットだけではなく、モンゴルやブータンにも定着しています。高地の厳しい気候の中での暮らしにおいては、身体をあたため、栄養分を補給するために、切り離すことのできない存在。古くから伝えられている知恵なのでしょう。

チベットのティーカルチャーの特徴

- ✓クセの強いバター茶は一度飲んだら病みつきになるかも。
- ✓一日に10杯以上のお茶を飲む習慣がある。

チベットで売られているヤクのバター

香港

東洋と西洋が融合した茶文化

Hong Kong

ミルクを入れない「香港式ミルクティー」

紅茶が引き起こした悲劇によって、1997年まで英国統治下にあった香港は、中国と英国の文化が融合したエキゾチックな島です。

お茶文化もしかり。外資系の一流ホテルでは正統派の英国式アフタヌーンティーが饗され、昭和の時代、イギリス駐在や留学を経験された方々は、英国での生活が懐かしくなると香港へ行きアフタヌーンティーを愉しんだといいます。

そんな香港には、英国統治時代に誕生した、ちょっと変わった香港式紅茶というものがあります。

まずは、**香港式ミルクティー**。

英国式の紅茶はミルクをたっぷり加えていただきますが、**香港式は普通のミルクではなく「エバミルク」を入れるのです。**

エバミルクとは、英語のEvaporated milkを略した無糖練乳のこと。生乳を加熱殺菌し濃縮した乳製品で、常温で長期保存ができる利点があります。

茶餐廳

香港には、茶餐廳(チャーチャンテン)という大衆向けの喫茶食堂のような店もあり、中華から洋食まで、好きな料理とお茶を堪能できます。

なぜエバミルクを使うのか理由を探ると、イギリス植民地時代にさかのぼります。中国ではお茶にミルクを入れる習慣がなく、さらに香港には牧場がなかったため、新鮮なミルクを手に入れることが困難な状況でした。けれど、英国式の紅茶といえばミルクティーが必須。そこで、1885年に発明されたエバミルクを代用品として使うようになり、その習慣が広まっていったというわけです。

ちなみに、イギリスで飲む紅茶が美味しいのは、ミルクの違いも要因のひとつ。ジャージー種のミルクと硬水でいれた紅茶が何ともいえないハーモニーを醸し出します。フレッシュなミルクの風味に慣れた英国人には、香港式のミルクティーはどうしても口にあわなかったようです。日本で戦後の学校給食に出た「脱脂粉乳の思い出」と似ているのかもしれません。

香港式ミルクティーは、香港返還後には中国でもブームを巻き起こしました。

お茶といえば温かいストレートしか飲まないといわれていた中国人が、ミルク入りのアイスティーまで飲むようになったというのは、お茶の世界においては大革命といえます。

紅茶とコーヒーを混ぜた「新感覚の飲み物」

香港には、さらに驚くようなお茶が存在します。それが**鴛鴦茶**《えんおうちゃ》です。

鴛鴦とはおしどりのことで、紅茶とコーヒーを混ぜ合わせた飲み物。

東洋医学において、茶は冷でコーヒーは温、そのふたつを結合させた世紀の大発見ならぬ珍発見です。

主にカフェメニューとしてカジュアルに飲まれていて、いれ方も複数あります。

紅茶とコーヒーの抽出液を混ぜ合わせる方法や、紅茶の茶葉とコーヒーの粉を混ぜたものを抽出する方法、ホット（熱鴛鴦）とアイス（凍鴛鴦）、エバミルク入り、コンデンスミルク入り、タピオカ入りなどなど、バリエーションも豊富です（下画像）。

誰が何のために、このような不思議な組み合わせを考案したのか、経緯は不明らしいのですが、「紅茶とコーヒーを混ぜてみたら？」という発想そのものに、ビジネスの種があるのかもしれません。

Liptonから「香港式コーヒー紅茶」という名前で商品が発売されたり、日本のコメダ珈琲のメニューに登場したりと、日本でも鴛鴦茶はじわじわと広まりつつあります。

飲んでみるとたしかに「新感覚の味」。その気になれば自分で作れますし、日本にも上陸しているので、気になるかたはぜひお試しを。

世界三大飲料のココアも加えた〝トリプルドリンク〟がいつの日か流行語大賞に、いえいえ世界のトレンドになるポテンシャルも秘めています。

香港のティーカルチャーの特徴

- エバミルク入りの香港式ミルクティーが有名。
- 紅茶とコーヒーを混ぜあわせた鴛鴦茶は、日本でもブームになるか!?

台湾

ノスタルジックな茶藝館から
バブルティー旋風まで

Taiwan

最高峰の烏龍茶は台湾にあり

お茶が好きな人なら、絶対に一度は訪ねてほしい国、それが台湾です。

世界のお茶愛飲家の間では、「最高峰の烏龍茶は台湾にあり」と囁かれています。

第二の中国茶の産地とも呼ばれる台湾で作られるお茶は、青茶が中心。特にお薦めしたいのが台湾茶の代表選手「東方美人（オリエンタルビューティ）」です。


現在もイギリスのアッパークラスの方々は中国系のお茶を愛飲していますが、東方美人は発酵度が高く、紅茶のダージリンのように香り高い風味をもつことから、「**シャンパンウーロン**」とも呼ばれています。


台湾茶の生産がはじまったのは、18世紀末。中国・福建省の武夷山から茶の苗木が持ち込まれ、烏龍茶の生産がスタートしました。

台湾茶は「**フォルモサティー**」という名で広まり、イギリスではアフタヌーンティーの流行とともに絶大な人気を博しました。

東方美人

東方美人は、台湾オリジナルの烏龍茶で、白毫烏龍や香檳烏龍など様々な名前で呼ばれていました。エリザベス2世女王が称賛したことから、「オリエンタルビューティ」という名称が世界中に広まったといわれています。

フォルモサという名前は、16世紀の大航海時代、台湾を発見したポルトガル人が、美しい島を意味する「イリャ・フォルモサ」と叫んだことが由来とされています。

日清戦争後、日本の統治下に置かれることになった台湾。

日本政府は製茶技術を惜しみなく伝授し設備を投入、台湾の茶産業推進を支援しました。第二次大戦後、日本の統治から離れると、復興の重要政策のひとつに茶産業を掲げます。

中国では失われつつあった伝統的な製法が独自の発展を遂げ、**1990年代の高山茶ブームで最盛期を迎えました。** 現在は烏龍茶だけではなく、紅茶栽培にも力を入れています。

台湾のお茶文化は日常生活に欠かせないものとして定着しています。

最近だと、通りすがりの人にもお茶を振る舞う、古き良き「奉茶」という習慣を現代風にアレンジし、お茶を無償で提供する「**奉茶スポット**」の設置が広がっています。

マイタンブラーを持ち歩き、お茶が飲みたくなったら検索アプリでスポットを探し、街中で自由にお茶を飲むことができるのです。

阿妹茶酒館

台湾茶の世界を気軽に堪能できる場所が「茶藝館」です。
「千と千尋の神隠し」の世界観さながらの九份（きゅうふん）にある阿妹茶酒館では、ノスタルジックな建物にレトロなインテリア、茶道具を使い丁寧にいれた美味しい茶とお菓子をいただくといった異国情緒たっぷりのティータイムを愉しむことができます。

ペットボトル削減という観点からも興味深いＳＤＧｓの取り組みといえます。

近年では、**「台湾茶藝」**と呼ばれる独自のティーセレモニーも登場しています（下画像）。茶壺でお茶をいれたら、香りを愉しむための聞香杯から小さな茶杯に移し変え、丁寧に風味を味わう作法で、様々な流派があります。

台湾のティーカルチャーの特徴

- 世界一美味しい烏龍茶を飲みたければ、台湾へＧＯ！
- タピオカミルクティーをはじめ、お茶のニュースタイルを提案し続ける。

Column

タピオカミルクティーの元祖を探る

日本でも爆発的なブームを起こしたタピオカミルクティーも台湾生まれ。
海外では「バブルティー」と呼ばれて、世界的なブームを巻き起こしました。
この大ヒット商品はどのようにして誕生したのでしょうか？

発祥は１９８０年代にさかのぼります。中国同様にお茶はホットで飲む習慣のあった台湾ですが、本土と違い亜熱帯の気候も影響し、若い世代を中心として温茶離れが進み、冷茶が普及していきました。
そこで、子どもでも気軽にお茶が飲めるようにと、甘いアイスミルクティーのアレンジが広まっていき、遊び心でタピオカを入れてみたところたちまち人気となり、それが世界中に広まったのです。

実は、元祖「タピオカティー」を主張する店がふたつあります。**翰林茶館**と**春水堂**です。両店で10年にわたり裁判が繰り広げられた結果、「決着の必要なし」との判決が下っています。

オーストリアのザッハトルテ対決しかり、日本の八ツ橋対決しかり、オリジナルを争う元祖対決は万国共通のようです。

●タピオカの原料は？

「タピる」「タピ活」という言葉が生まれるほど一大ブームを巻き起こしたタピオカですが、本家台湾で使われている**タピオカの原料はキャッサバというイモ類の植物の根茎から製造されたデンプンです。**

日本ではコンビニでも販売されていますが、原料を見てみると、こんにゃくや寒天が含まれているものがあります。純タピオカは冷やすと硬くなる性質があり、もちもちとした独特の食感が消えてしまいます。美味しく扱いやすくするために工夫がされたものですが、比較してみると食感はだいぶ違うことがわかります。

いまや紅茶だけではなく、緑茶や烏龍茶、コーヒーとブレンドしたものまで、色々なお茶で作られ、カラフルでバリエーション豊かなタピオカティーが世界中で旋風を巻き起こし、ブームが繰り返されています。

これもお茶の進化過程。今後も新しいヒット商品が生まれることでしょう。

中国

喫茶文化の礎
中国茶の奥深い世界

China

中国人が飲んでいるのは烏龍茶……ではなかった！

イギリスが紅茶の国なら、中国は烏龍茶の国。そう思っていませんか？

それは烏龍茶のCMなどで植え付けられたイメージで、**実際に中国で作られるお茶の7割は緑茶、一番飲まれているのも緑茶です。**

緑茶といっても、私たち日本人が飲んでいる日本茶とは少し異なります。

日本の緑茶は蒸気で蒸すことによって発酵を止める蒸し製ですが、**中国緑茶は釜炒り製。釜で炒ることによって釜香と呼ばれる独特の香ばしさがあり、さっぱりとした飲み口、水色も明るい黄緑色をしています。**日本でも九州の嬉野《うれしの》など一部の地域で作られています。

一方、烏龍茶は分類でいうと、半発酵茶の中の「青茶」に入ります（262ページ参照）。主な産地は福建省や広東省といった一部の地域で、華南エリアで好まれている地方のお茶という位置づけでした。広い中国では、エリアごとに歴史や風土も違えば、当然お茶の文化も異なります。上海などの華東エリアでは緑茶、四川省など内陸部や北京ではジャスミン茶が主流でしたが、烏龍茶の人気も全国区へと広まっています。

サントリーのヒット戦略

その背景には、サントリーの緻密な戦略がありました。

サントリーが日本で烏龍茶を発売した1981年当時は、ペットボトルではなく缶入りでした。それまで缶入り飲料といえば甘いものばかりでしたが、無糖茶という新しいマーケットを開拓したのです。

当初、紅茶や緑茶と比べると烏龍茶は馴染みが薄い存在でしたが、「美容と健康に良い」というイメージが広がり、大ヒット。さらに2006年に発売した「脂肪の吸収をおさえる」という**黒烏龍茶**が特定保健用食品（トクホ）に認定され（2009年）、認知度が加速しました。

1997年、サントリー食品インターナショナル上海（三得利食品貿易有限公司）は、中国では初となるペットボトル飲料として烏龍茶を発売しました。

当初、「わざわざお金を出してお茶を買うわけがない。しかも、冷たい烏龍茶なんて誰も飲まない」と酷評されたそうです。お茶というのは家でいれる温かい飲みもの……誰もがそう思っていたといいます。しかも日本よりも高い価格設定にしたことはある意味画期的な試みでした。それが大ヒット商品になったのですから、中国人にとっても驚きだったようです。

中国の今昔喫茶文化

中国において、お茶は生活に欠かすことのできないものです。

訪問客に対して「まずはお茶でも……」という喫茶去という習慣は、中国唐代の禅語録にある言葉からきています。客人にお茶を出さない「無茶」や、苦い茶を出す「苦

サントリーの名誉茶師が作り出す烏龍茶

日本のペットボトル市場に無糖茶というマーケットを生み出したパイオニア的存在が「サントリー烏龍茶」。中国・武夷山周辺で生産される品種「水仙」を原料とした半発酵茶で、福建省が認定した「名誉茶師」が茶葉の選定からブレンド、火入れ、抽出にまで携わり、完成させています。

茶」は「無茶苦茶」、つまり失礼な振る舞いであるともいわれています。

唐代に発祥し、受け継がれている文化もあります。

街中のいたるところにある中国式の喫茶店**「茶館」**は、東西の交易路シルクロードやティーロード沿いでキャラバンたちが休息を取る場として出現したものです。

宋代になると上流階級や知識人が集まるサロンのような役割となり、文化芸術の拠点として、隆盛を極めていきました。

1949年に中華人民共和国が成立すると茶館も国営となり、文化大革命のさなかには、ブルジョア的な反体制派であるとして姿を消すこととなりますが、近年リバイバルブームが起きています。

また、**ゆっくりとお茶を愉しみながら点心を食べる「飲茶」と呼ばれる伝統的なティータイムの習慣も継承されています。**お茶の旨味を味わう日本茶に対して、香りを味わう中国茶。バリエーション豊かな点心とお茶のマリアージュは、奥深い世界を堪能できます。

一方、長い茶史を有する中国では、茶道のような伝統文化も発達しているのではと思うかたも多いのではないでしょうか。

中国版の茶道といわれる「茶藝」がありますが、日本のように精神性を伴う「道」とは異なるもの。お茶を愉しむための「芸」に近く、1970年代に誕生した新しいカルチャーです。「茶藝師」という国家資格もあり、お茶の魅力を伝える伝道師のような存在です。

中国から発祥したお茶は世界中に広まり、食文化に大きな影響を与え、人々の心と身体を癒やしてきました。

ティータイムの流儀は違っても、調和を重んじる精神に国境はありません。一碗を通して異文化に触れ、交流をはかることで、茶の輪はボーダレスに広がり続けるでしょう。

中国のティーカルチャーの特徴

- 世界中の茶のルーツである中国の茶文化は、アイデンティティとして浸透している。
- 中国で最も多く飲まれているのは緑茶。
 しかし、烏龍茶も全国区として広まりつつある。

Column

イロドリミドリ中国茶――六大茶類

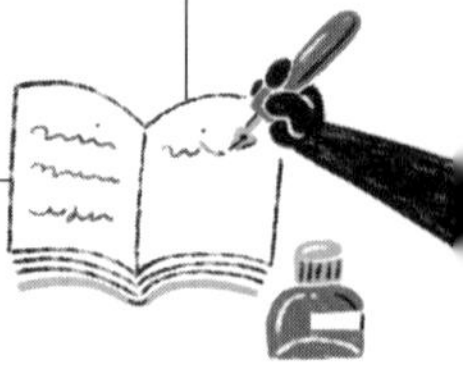

日本人の私たちが中国茶と聞くと、まず思い浮かべるのが烏龍茶。

そして、中華料理店で飲むジャスミン茶、プーアール茶、鉄観音茶、などでしょうか。

実際に中国で作られているお茶の種類は1000種類以上、台湾茶や細かな銘柄まで含めると、桁がひとつ違ってくるともいわれています。

中国茶は、大きくは発酵の度合いによって分類され、「緑茶」「白茶」「黄茶」「青茶」「紅茶」「黒茶」の六大茶類に「花茶」を加えたものが基本となります。

①緑茶

中国で最も多く飲まれているのが不発酵茶の緑茶。その種類も多彩です。日本茶の蒸し製法に対し、中国緑茶は釜炒りが主流。渋みは控えめで、香ばしさが際立ちます。

茶葉は緑色、水色は明るい黄緑色をしています。

代表的な緑茶に龍井茶があります。火入れの際に茶葉を釜に押し付けるため、平たい形状をしているのが特徴です。

②白茶

微発酵茶の白茶は、最古のお茶ともいわれ、紀元前から作られる希少なお茶です。人の手を加えるプロセスが最も少なく、生葉の持つ酸化酵素を自然に誘発させ、ゆっくりと微発酵させたあとに乾燥させるという製法です。

茶葉は毛茸《もうじ》（うぶ毛）に包まれて白く見え、水色は淡い黄緑色です。

代表的な白茶に白豪銀針があります。若葉だけを丁寧に摘み取る古典銘茶で、昔は献上茶として作られていました。

③黄茶

黄茶は特殊な製法で作られる中国国内でも珍しい希少性の高い高級茶です。白茶同様に発酵度の弱い微発酵茶で、わずかな発酵後、悶黄という後発酵のプロセスが加わります。

紙や布に包み、**高温多湿の状態にして発酵させて作ることで、葉緑素のクロロフィル成分が変化し、茶葉と水色が黄色になります。**

代表的な黄茶に君山銀針があります。お茶というより旨味を感じる出汁のような味わい。好みは別れますが非常に通好みのお茶で、特に清代皇帝が愛飲したことでも知られています。

④青茶

青茶は烏龍茶に代表される不発酵茶から発酵までの間に区分される半発酵茶の総称です。製法・種類も幅広く、風味も緑茶に近いものから紅茶に近いものまで多種多様。

茶葉は発酵が進んだ褐色と不発酵の緑色が混在し青っぽく見え、水色は発酵の深さによってだんだんと濃くなっていきます。

代表的な青茶は、烏龍茶のほか安渓鉄観音や武夷岩茶などがあり、風味もバラエティに富んでいます。

⑤紅茶

中国で発祥した全発酵のお茶です。イギリス人の嗜好にあわせて発酵を徐々にあげていき、試行錯誤の末に完成させました。

代表的な紅茶は祁門紅茶（キーマン）。薬のようなスモーキーフレーバーが特徴で、紅茶の世界では「世界三大銘茶」のひとつに数えられています。

⑥黒茶

黒茶は茶葉に微生物を作用させ、発酵させて作る後発酵茶です。長期保存が可能で、年代を経て価値があがっていくため、ヴィンテージティーとして通好みのお茶です。

代表的な黒茶は、日本でもお馴染みの普洱茶（プーアール茶）。脂肪の吸収を抑制するダイエット茶として人気があります。

⑦花茶

茶葉を香りのある花と一緒にブレンドし、花香を吸着させたお茶の総称です。

代表的な茶葉にジャスミン茶がありますが、ベースとなる茶葉や混ぜる花によって風味がまるで違うのも特徴です。

最近では、花と茶葉を組み合わせた芸術品のような「工芸茶」も人気を集めています。

中国茶六大茶類

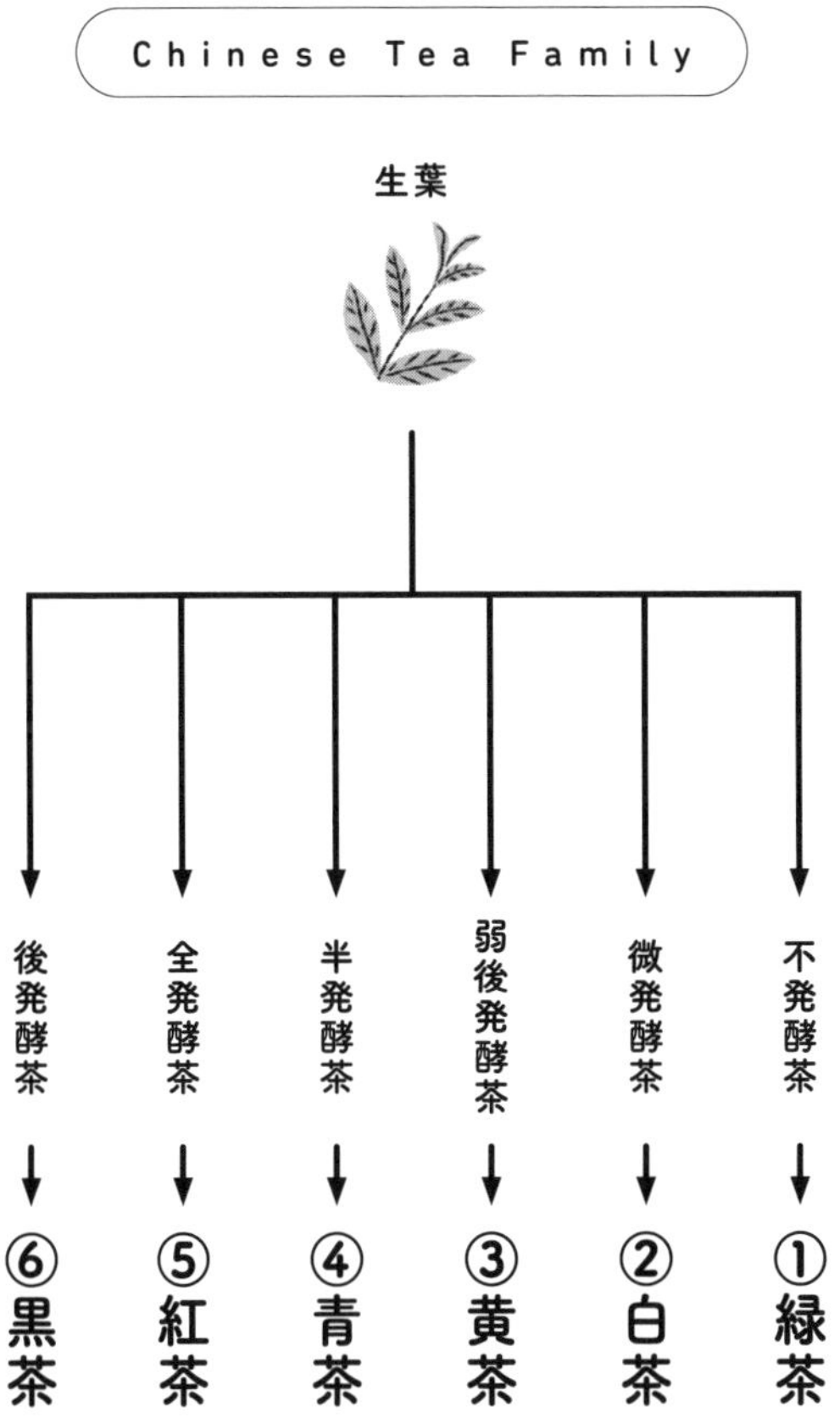
Chinese Tea Family
生葉
不発酵茶
①緑茶
微発酵茶
②白茶
弱後発酵茶
③黄茶
半発酵茶
④青茶
全発酵茶
⑤紅茶
後発酵茶
⑥黒茶

Chapter 5

これであなたも紅茶通になれる!?

産地銘柄の
違いを知って
「アイディア」を引き出す

紅茶とワインの共通点

お茶を栽培する産地は、世界40か国以上あります。

茶樹は気候に左右されやすい植物で、寒さに弱く温暖湿潤な気候を好みます。

そのため、茶の産地を世界地図で眺めてみると、赤道を挟んで北緯45度から南緯35度までの温暖なエリアに集まっています。この一帯のことを「ティーベルト」と呼んでいます。

日本でいえば、北限は、本州・青森県あたりになりますが、昨今の地球温暖化の影響に加え、栽培技術の進歩もあり、ティーベルトは年々広がっています。

ちなみに、ティーベルトに対してコーヒーベルトもあり、北緯25度から南緯25度に位置しています。いかに紅茶の生産範囲が広

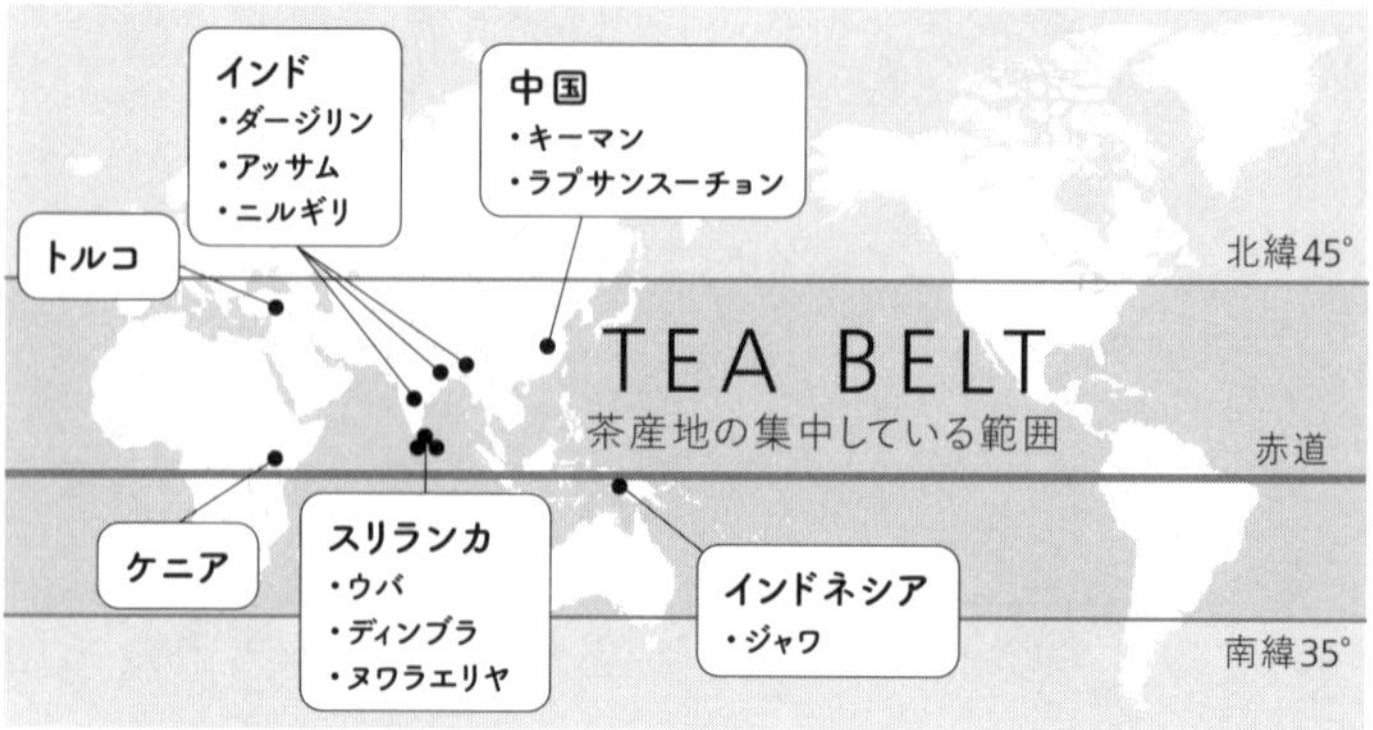

いかがわかります。

ワインとお茶は共通点が多い飲みものといわれますが、そのひとつに「**テロワール**」があります。**テロワールとは土地の個性や栽培環境のことで、ワインと同様に紅茶の風味を決める重要な要素となっているのです。**

同じ国で栽培された茶樹であっても、その土地の気候や土壌によってキャラクターは千差万別。たとえば、同じインドのダージリンエリアであっても、茶園の立地によって標高や傾斜が違うため異なる風味の紅茶になりますし、同じ茶園であっても、その年の気候や摘採時期に影響され、テイストが変化します。

収穫時期の中で最も良質の茶葉が採れる時期のことを「**クオリティーシーズン**」と呼びます。

特に、繊細な紅茶ほど降雨量や日照時間、寒暖の差によって香りやボディが左右され、年によって出来・不出来があります。だからこそ、「**2004年のキャッスルトン茶園のセカンドフラッシュは忘れられない風味**」など、一杯の紅茶が一期一会になるという愉しみかたもあります。

広がるティーベルト

ひと昔前までは不可能といわれていたイギリスでも茶栽培が行われるようになり、日本でもお茶専門店ルピシアが、北海道のニセコで茶栽培に取り組んでいます。

紅茶を選んでみよう

ティーセレクションを読み解く

ホテルのラウンジなどでメニューを開くと、ティーセレクションのページにズラリと並ぶ紅茶リスト。何をどう選べばいいのか「紅茶迷子状態」になってしまうかたは多いのではないでしょうか。

その日の気分や体調によって紅茶の種類をセレクトできれば、紅茶の世界が広がります。

そこで、誰でも簡単に紅茶をセレクトするために、最低限これだけは覚えておきたい知識をお伝えしておきます。

ステップ1

まず、紅茶の茶箪笥《ちゃだんす》をイメージしてみてください。

そこには、3つの引き出しがついています。1段目が「産地銘柄」、2段目が「ブレンドティー」、3段目が「フレーバードティー」です（272ページ参照）。

最初にインプットしたいのが、「**産地銘柄**」です。

紅茶の種類は何千、何万ともいわれますが、すべてのベースとなるのが産地銘柄。日本茶でいえば、宇治茶、狭山茶のように、栽培産地がそのまま銘柄になったもので、**ダージリン**（インド）・**ウバ**（スリランカ）・**キーマン**（中国）の三大銘茶は、個性も含めて覚えておきたいところです。

この産地銘柄をベースにして、数種類の茶葉を配合した紅茶を「ブレンドティー」、香りづけをした紅茶を「フレーバードティー」といいます。

紅茶専門店のマリアージュ・フレールは「世界35か国600種類の茶葉を扱う」と謳うだけあり、そのティーリストはまるで一冊のお茶辞典。ページをめくると圧倒される数の銘柄が並びますが、どのお茶も必ず「3つの引き出し」のいずれかに分類できます。

ステップ2

次に、知るべきは「**グレード**」です。

銘柄の横に暗号のようなアルファベットが並んでいたら、それが紅茶のグレード。

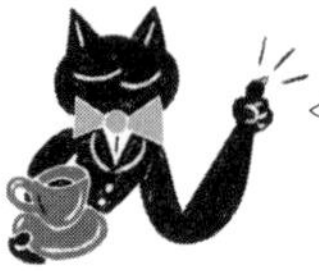

まずは3つの引き出しを頭に入れるにゃ。

紅茶の種類と銘柄例

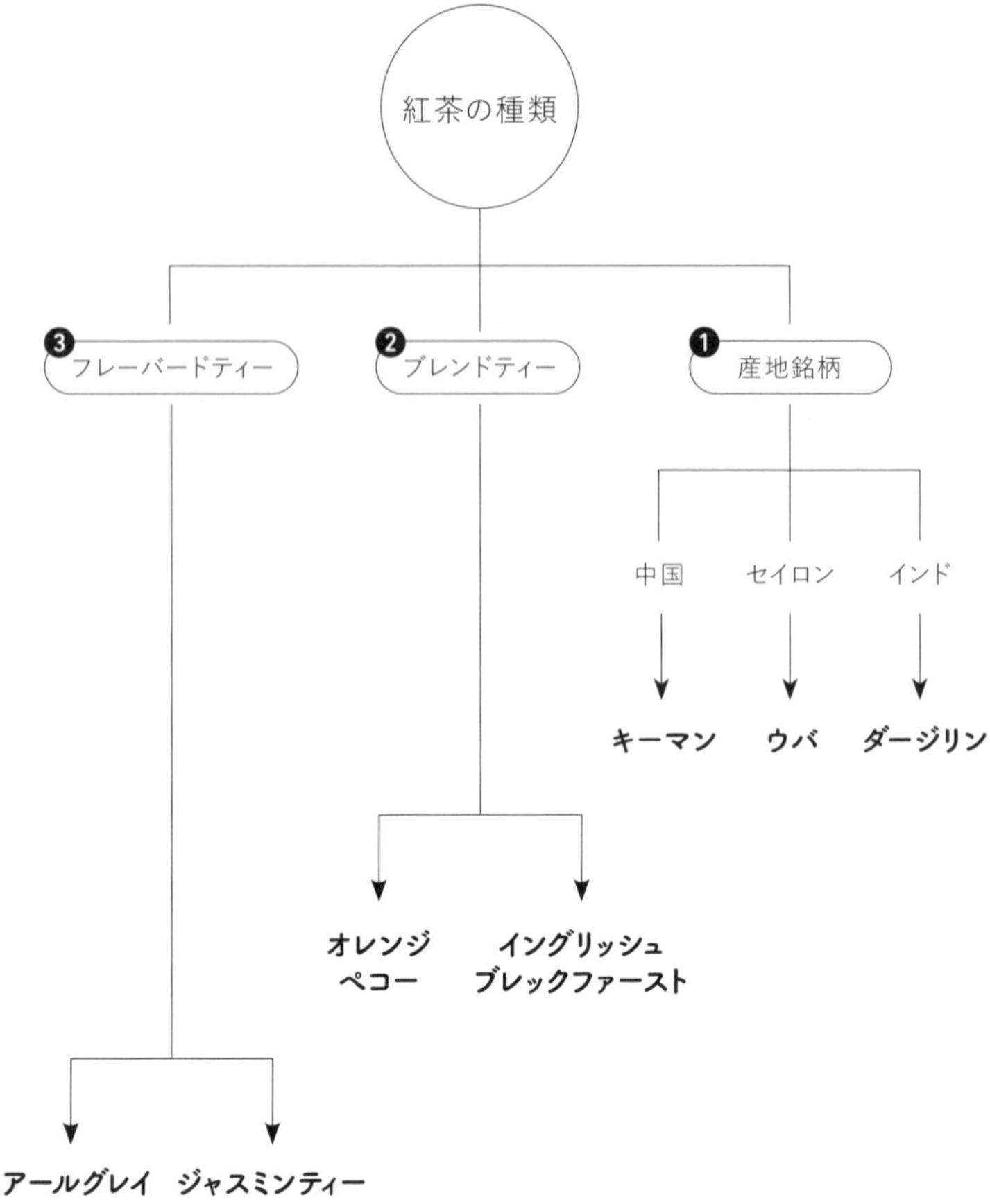

グレードは日本語で表すと「等級分類」、茶葉の形状やサイズを表します。

「オレンジペコー」という言葉を聞いたことがありませんか？

昭和の時代に流行したトワイニングのオレンジ缶のイメージから、オレンジの香りのするフレーバードティーと勘違いするかたや、ダージリンやキーマンなどと同じく産地銘柄のひとつと誤解するかたが多い〝謎に包まれた紅茶〟でもありますが、実はオレンジペコーは紅茶用語で「グレード」を表す言葉です。

紅茶は大別すると、1cm前後の大きな茶葉**OP**（**Orange Pekoe、オレンジ・ペコー**）、2～3mmにカットした**BOP**（**Broken Orange Pekoe、ブロークン・オレンジ・ペコー**）、1～2mmにカットした**BOPF**（**Broken Orange Pekoe Fannings、ブロークン・オレンジペコー・ファニングス**）、さらに細かくカットした**D**（**Dust、ダスト**）とグレーディングされます。

茶葉のサイズによって、いれる際の蒸らし時間が異なるので、目安になっているのです。

そして、**チップが多く含まれる茶葉にはTippy、そのチップが金・銀色ならGolden、さらに上質な茶葉にはSpecialやFinestという形容詞が添えられていきます。**

チップとは

生葉の先端にある葉が開き切っていない状態の芯芽のこと。
外側は細かい毛茸（うぶ毛）におおわれ、成長するに従い毛茸は落ちていきます。

例えば、下図のラベルを読み解くと、

・インド ダージリン地方 キャッスルトン茶園　2022年

セカンドフラッシュ（夏摘み）

・グレード Finest Tippy Golden Flowery Orange Pekoe（1㎝前後のよく撚れた針状で白いうぶ毛に覆われた芯芽を多く含む上質な茶葉）

という意味になります。

CASTLETON
2022-DJ123
SECOND FLUSH
FTGFOP

グレードはワインでいえばラベルのようなもので、これを読み解けるようになると紅茶の世界はさらに奥深いものになります。

ミルクティーが飲みたい時、レモンティーが飲みたい時、シチュエーションによって適したグレードをセレクトできるようになれば、もう迷うことはありません。

グレーティング

グレーディングは紅茶製造の最終工程。製茶工場で形状やサイズが一定に揃えられ出荷されます。ただし、国際的な基準があるわけではなく、生産地によって、またティーパッカーによっても分類が異なります。

BreakTime

オレンジペコーはどんな味？

そもそも、可愛らしい響きの「ペコー」という言葉の由来は中国語です。

中国の古典銘茶のひとつに銀針白毫という献上茶がありました。

18世紀、この銘茶は英国の王侯貴族たちの間で珍重され、中国語の発音の「白毫（pak-ho）」が英国人にはペコーと聞こえたことから、ペコー＝高級茶というイメージが広がりました。

19世紀、発酵度が高いお茶が人気となり、輝くような橙色の水色を引き出す上質なリーフティーのことを「オレンジペコー」と呼ぶようになったのです。20世紀、その名称はブレンドティーの商品名として使用されるようになりました。

セイロンティーのブレンドがメインですが、ブランドによって違いがあり、ややこしいことに、必ずしもOPタイプの茶葉が入っているわけではありません。イメージ戦略に乗って世界中に広まったお茶の代名詞です。

誤解されやすい茶葉ですが、オレンジペコーはフレーバードティーではないのでご注意を。

世界三大銘茶　1

世界最高峰の紅茶
華麗なる「ダージリン」の世界

ここからは、紅茶初心者でも知っておきたい世界三大銘茶の特徴を解説するにゃ。

紅茶の世界で最高峰とされるのが、インドのダージリンです。

その芳醇な香りから「紅茶のシャンパン」とも称されています。

ダージリンの故郷は、ヒマラヤ山脈の麓に広がる高地一帯。英国人が植民地支配を続けていた時代に避暑地として開拓したエリアです。

灼熱のインドにあって、7つの谷からなるダージリンは地上のシャングリラ。今も英国風の建物や街並みが残され、日本でいう軽井沢のような趣がある場所です。

19世紀中頃、英国人プラントハンター、ロバート・フォーチュンが中国から盗み出した茶樹を植えたことから歴史がはじまりました（135ページ参照）。

カンチェンジュンガを望む標高500〜2000mの険しい斜面に位置するダージリンには、四季があるだけではなく、一日の中にもHot, Wet, Coolという寒暖差があります。

これが深い霧となって茶園を覆い尽くし、フルーティーな風味を生み出します。霧はナチュラルミスト、香りを育てる大切な要素です。

現在、ダージリンには87の茶園があります。

エステートと呼ばれる茶園は、ワインでいうシャトー（醸造所）のような位置づけ。

当然エステートごとにテロワールも異なりますが、すべては「自然からの贈り物（Gift of Nature）」。そこにも87のストーリーとテイストがあります。

世界三大銘茶とは？　The Three Famous Names

19世紀ヴィクトリア時代、英国の紅茶通たちに称賛され、アフタヌーンティーには欠かせないとされた銘茶。「インドのダージリン」「中国のキーマン」「セイロンのウバ」の3種類。

ボルドーの五大シャトーのように超名門エステートとして名高い茶園も複数存在します。

ダージリンの価値は、その希少性にもあります。

ピュアダージリンはインドの紅茶生産のわずか1%しかありませんが、市場にはその何倍もの「ダージリン」が出回っています。産地偽装や模倣品との戦いは、高級ワインが抱える問題と似ています。

そこでインド政府としては、ブランド価値を守るために、**100%ダージリン産であることを保証する証明書Darjeeling Certification of Trade Mark**（CTM）を発行しています。紅茶の木箱やパッケージにも認証マークが押されるようになりました。

さらに、そのピュアダージリンの中でも「極上品」と呼ばれるものは5%程度といわれていますので、どれだけ希少価値があるかおわかりいただけるかと思います。

そんなダージリンの特徴のひとつが、クオリティーシーズンごとに大きく変化する風味です。ダージリンの収穫期は**3月〜11月。メインのクオリティーシーズンは春・夏・秋の3回。**同じ茶園の同じ茶樹からも、まるで異なるキャラクターが生まれるのですから、「土地に住む神様からの恵み」という言葉にも頷けます。

覚えておきたいダージリン「3つのクオリティーシーズン」

春摘み（ファーストフラッシュ）

3月から4月にかけて摘まれる一番茶。緑茶を連想させるような若草色の茶葉と水色、青々しくフレッシュなテイストを持ち合わせています。日本市場において高値で取引されるようになり、近年はセカンドフラッシュと並ぶ人気となっています。

夏摘み（セカンドフラッシュ）

5月から6月にかけて摘まれる二番茶。葉はブロンズ色に輝き、水色は明るいオレンジ、心地のよい渋みとキレが特徴、極上品の一部にマスカテルフレーバーが現れます。味・香り・水色の三拍子が揃ったフルボディが特徴です。

秋摘み（オータムナル）

9月から10月にかけて摘まれる三番茶。茶樹の生育が弱まり、風味も落ち着いてマイルドになり、ほのかな甘味と余韻の長い熟したようなアロマがあります。

日本茶の番茶にも似た「番外のお茶」もあり、雨季摘み（モンスーンフラッシュ）や冬摘み（クリスタルフラッシュ）など、レアダージリンに巡り合うこともあるにゃ。

神秘的な香りの秘密は「昆虫が嚙んだ葉」

紅茶のシャンパンと称される香り高いダージリン。

その華やかな香りは「**マスカテルフレーバー**」と表現されます。名前だけ聞くと単純にマスカットの甘い香りを想像しますが、全く別もの。トップノートにくる芳醇でフルーティーなアロマ、そしてあとから追いかけてくる若葉のようなフレッシュな香り。シャンパンと重ね合わせて表現をすれば、「朝露が葉に残るピノ・ノワールのブドウ畑を歩いているかのような香り」とでもいいましょうか、思わず深呼吸したくなるような奥深い香りです。

実は、この世界中のダージリンファンを魅了し続けるマスカテルフレーバーを生み出す影役者に「**グリーンフライ**」という小さな昆虫の存在があります。グリーンフライが葉を嚙むことによって、神秘的な芳香が生まれるのです。

日本では「ウンカ」という名前で知られるグリーンフライは、体長5㎜ほどの昆虫の一種で、ストロー状の口針を葉や茎に刺して吸汁します。日本ではイネに被害をも

マスカテルフレーバー

ダージリンの代名詞ともなっているマスカテルフレーバーは、すべての茶葉に現れるのではなく、夏摘みのセカンドフラッシュ、その中でも一部の上質な茶葉だけが持ち合わせる希少な香りです。

たらす害虫のため、米農家さんにとっては厄介者ですが、ダージリンの茶園にとっては歓迎される〝お客様〟なのです。

メカニズムを簡単に説明すると、グリーンフライが生葉を噛み、葉汁を吸うことによって、葉の細胞が傷つき変色します。すると葉は再生させようと防御機能を働かせ、抗体物質ファイトアレキシンを生成。それが、製茶工程で香気成分ホートリエノールという甘い蜜香に変化する。これがマスカテルフレーバーの正体です。

グリーンフライは気温上昇とともに発生するため、茶園のマネージャーは夏が近づくと渡来を待ちわびます。けれど、どの茶園にも公平に訪れるわけではなく、農薬や化学肥料を使わないオーガニックの茶畑を好み、茶樹の種類によっても好き嫌いがあるのです。

そして、最高のマスカテルフレーバーを生み出すには、グリーンフライの発生だけではなく、気候・土壌・製茶技術、要するに最後に行きつく先はテロワールという言葉に凝縮される奥深い世界です。

このウンカが生み出す蜜香はダージリンだけではなく、台湾の「東方美人（オリエンタルビューティ）」にも見られる現象です。台湾では「茶葉小緑蟬（チャノミドリヒメヨコバイ）」と呼ばれる、名のとおり横這いする小さな昆虫が噛むことによって、蜜のような甘い香りの烏龍茶になります。

「東方美人」の発祥には、興味深いストーリーもあります。

19世紀、日本が台湾を統治していた時代、茶産地の新竹でウンカが大量発生し、大きな被害を受けました。茶葉を捨ててしまうのは惜しいと製茶してみたところ、独特な熟した果実のような香りの烏龍茶が完成したのです。

そのエキゾチックな風味が海外で人気となり高値で取引されたのですが、「害虫に噛まれた葉で高級茶が作れるわけがない」と話を信じてもらえなかったり、ニセモノのウンカ茶が出回ったりしたことから、嘘つきを意味する「膨風茶」という悪名もつけられました。

紅茶のシャンパン・ダージリンと烏龍茶のシャンパン・東方美人には、「ウンカ」という共通するキーワードがあったのです。

蜜香

ウンカによる蜜香の解明は、近年になって科学的にも立証されるようになり、日本でも京都大学化学研究所によって2004年「ウンカ食害を利用した台湾高級烏龍茶製法の秘密解明」の論文が発表されています。

BreakTime

ティーオークションで
最高値をつけた高級紅茶

エステートで製茶された茶葉は、ティーオークションで取引が行われます。先物取引のコーヒーとは異なり、紅茶は生産地での現物取引が基本です。

インドのコルカタ、スリランカのコロンボなど主要なオークション会場では、週に2回ほど競りが行われ、エステートの代理人であるブローカーとオークションバイヤーとの間で白熱した売買が繰り広げられます。

オークションに参加できるのは現地で登録をしたメンバーに限られるため、実は依頼主は王室やセレブリティということも。

オークションのほかには、バイヤーやエージェントと直接取引するプライベートセール、最近では直接消費者に届けるダイレクトセールなどのルートがあります。

ちなみに、**150年の歴史を持つ「コルカタティーオークション」で史上最高値をつけた紅茶が、ダージリン・マカイバリ茶園のシルバーニードルズです。**

マカイバリ茶園では、ワインの世界でも注目されているバイオダイナミック農法を採用し、最高峰の有機栽培を行っています。シュタイナーが提唱した天体の動きを取り入れ、最もエネルギーが集まるハーベストムーンと呼ばれる満月の日に手摘みで収穫。日本一の玉露職人・山下壽一氏にアドバイスを受けた揉み技で、熟練職人が手揉み発酵したという紅茶は1kg＝1850ドル（約20万円）!

世界のブローカーたちが目の色を変えた逸品で、ザ・リッツ・カールトン東京では、1杯4900円で提供され話題となりました。

世界三大銘茶　2

ロイヤルファミリーも愛飲
東洋の神秘「キーマン」紅茶と蘭ブーム

お茶のルーツ中国を代表する紅茶が**祁門紅茶**（キーマン）です。

エキゾチックな東洋の風味から、「中国茶のブルゴーニュ」とも称され、特にイギリスの上流階級の人々が愛してやまない紅茶です。

中国は、今もなお世界一のお茶生産量を誇る国ですが、そのほとんどが緑茶と烏龍茶に加工され、紅茶は主に輸出用として生産されています。

キーマンは、1875年に安徽省祁門県で誕生しました。

祁門は唐の時代から中国有数の茶産地でしたが、そこで作られていたお茶はすべて緑茶でした。

19世紀、イギリス人の嗜好にあわせて発酵茶の製造をはじめたところ、莫大な利潤を生み出し、烏龍茶を改良し紅茶を完成させたのです。

祁門香と表現される東洋らしいスモーキーなフレーバーが特徴で、特にクオリティーシーズンである夏摘みの最高品種は、蘭の花にたとえられ気品ある芳香を備えています。

命懸けで求められた「蘭」の香り

19世紀半ばの英国では、蘭の一大旋風が湧き起こっていました。

ヨーロッパでは17世紀オランダで起きた世界初の経済バブルといわれる「チューリップバブル」以降、観賞用の植物は貴族趣味であり投機の対象でもありました。

現在も「国民総ガーデナー」といわれる園芸大国のイギリスにあって、栄光のヴィ

幻の祁門紅茶

中国ではキーマンのクオリティーを10種類ほどに分類していて、市場には決して出回らないグレードもあるといいます。中国の政府高官が国賓をもてなす際などには、専用の茶畑で丹念に手作りされた最高グレードの特貢茶が振る舞われるそうです。

クトリア時代、王侯貴族たちを熱狂させたのが神秘的な蘭の花でした。
プラントハンターの中でも一攫千金を狙える凄腕が、蘭を専門とする「オーキッドハンター」。貴族たちは彼らに高額の報奨金を提示し、次々と珍しい蘭を手に入れようとしました。

需要の高まりとともに市場での価格は信じられないような高値になり、一輪の蘭を巡って居合わせたハンター同士が殺し合いに発展することもありました。

ハンターの敵はそれだけではなく、野生動物や毒蛇、熱帯病、洪水、先住民族、挙句の果てには、命懸けで採取した蘭を持ち帰る途中、強盗に奪われ殺された者もいました。

そこまでして手に入れたかった憧れの蘭。その香りが漂う紅茶となれば、当時大旋風を巻き起こしていたアフタヌーンティーに、文字どおり華を添えるステイタスシンボルだったのでしょう。

高貴なイメージが漂うキーマンは、「ツウ好みの紅茶」として大変人気があります。**イギリスではエリザベス女王が愛飲されていた紅茶としても有名で、お誕生日には特別なキーマンをいれて、ロイヤルファミリーでお祝いをしたといいます。**

世界三大銘茶 3

インド洋の真珠 セイロン島の風薫る「ウバ」

世界三大銘茶の最後は、**セイロンのウバ**。

セイロンティーといえば、日本で最も親しまれている紅茶、日本人にとっての「紅茶のスタンダード」といわれています。

セイロンとは旧国名で、現在のスリランカで生産される紅茶のこと。

1946年にイギリスから独立後、1972年に国名を変更しましたが、紅茶の世界ではセイロンティーブランドが世界中で定着していたため、セイロンという呼称が残されています。

「インド洋の真珠」と呼ばれるスリランカは、インドの南東端に位置する小さな島で、美しい海や数多くの世界遺産を有する国です。

19世紀半ばまで世界有数のコーヒーの産地でしたが、1860年代に猛威を振るったサビ病によって壊滅状態に陥りました。サビ病とは葉が枯れ落ちる病気で、コーヒー栽培において最も大きな被害を及ぼす病害です。

そこにイギリス資本が参入し、インドに続く第二の茶産地として大規模なプランテーション経営を開始。年間を通して収穫可能という恵まれた気象条件のもとで、わずか20年でセイロンを支える一大産業へと発展を遂げました。

1891年にはロンドンティーオークションで史上最高値を記録し、一躍ウバの名声が世界に知れわたるようになります。

クセがなくバランスの取れた風味が特徴のセイロンティー。**標高によってグレードが3分類され、高地産（ハイグロウンティー）、中地産（ミディアムグロウンティー）、低地産（ローグロウンティー）に分かれています。**

高地になるほどデリケートで香り高い香気と明るいオレンジ色の水色を持ち合わせ、低地になるにつれ、香りはマイルドに、水色は赤みを帯びていく傾向にあります。

高地産紅茶の代表選手であるウバの特徴は、何といっても刺激的なメントールフレーバー。クオリティーシーズンにあたる7～9月の乾季に、寒暖差や湿度などの好条件が2、3週間継続することによって、メチルサルチル系の香気が現れます。

紅茶をティーカップに注ぐと、ゴールデンリングと呼ばれる黄金色の輪が浮かび上がり、口に含むとピリっとした爽快感のある渋みを感じる、まさに「**五感で愉しむ大人の紅茶**」です。

個性的なウバは好き嫌いがはっきりと分かれる紅茶ですが、キャラクターを最大限に引き出すことができれば、オークションで極端に高い値で取引されます。ダージリン同様、茶園のテロワールのほか、人的な要因つまり製茶技術も必要になります。

スリランカでは、国を挙げて持続可能な農業ＳＤＧｓへの取り組みをはかっています。

環境に考慮し、茶園でも化学肥料に頼らない有機農法へとシフトしていて、その裏には日本企業の支援活動もあります。

日本企業の支援活動

「午後の紅茶」で有名なキリンでは、スリランカの紅茶農園全体の持続可能性を高めていくことが必要と考え、現地のスタッフと議論しながら、国際基準の認証取得にも力を入れています。

三大銘茶以外にも世界中で愛される紅茶があるにゃ。ビジネスに活かせる知識をさらに掘り下げていくにゃ。

商品を愛す

英国の首相グレイ伯爵が愛飲した「紳士のお茶」アールグレイ

紅茶にさほど詳しくないというかたでも、アールグレイという名前は聞いたことがあるのではないでしょうか。

アールグレイのアール（Earl）は伯爵という意味、つまりグレイ伯爵という実在の人物の名がつけられ、世界中に広まったという珍しい紅茶です。

また、**アールグレイは、世界一有名なフレーバードティーでもあります。**

アールグレイの特徴は、茶葉に着香した爽やかなベルガモットの香り。
その名前から、いかにも英国らしい紅茶かと思いきや、何とルーツは中国にあります。さらにこの高貴な紅茶誕生の影には、ドラマチックなエピソードが隠されていたのです。

アールグレイを世に広めたグレイ伯爵とは、１８３０年代に活躍したホイッグ党のチャールズ・グレイ首相です。

19世紀、グレイ伯爵の指揮下で、中国に派遣した外交使節団の一人が、現地で危機に遭遇した中国人官吏の命を救い、そのお礼として壺を渡されたといいます。開けてみると中には、東洋の神秘的な香りがするお茶が入っていました。

帰国後、お茶好きな伯爵に献上したところ、このエキゾチックな風味を大変気に入り、政治家を集めたティーパーティーの際にも振る舞うようになり、あっという間に茶葉を飲み切ってしまったそうです。

珍しい中国のお茶の味が忘れられなかった伯爵は、外交ルートを通じてその作り方を訊ねま

チャールズ・グレイ（1764-1845年）

ベルガモット

イタリア・シチリア島原産の柑橘系フルーツ。レモンとグレープフルーツをあわせたような、爽やかなフレーバーがあります。

した。すると、その茶葉は龍眼という果物の香りを祁門茶に移した**「中国の古典的な着香茶」**であることが判明しました。

伯爵はさっそく茶商チャールストンに、同じお茶を作るように命じます。けれど、どこを探しても龍眼という果物が手に入らなかったため、フレーバーが似ていたベルガモットの果皮で着香し、伯爵の私邸ホーウィックホールに流れる水にあわせてブレンドをしたそうです。

こうして生まれたお茶は「グレイ伯爵が愛した紅茶」として、**アールグレイと名づけられました。**

オリジナルに関しては、ジャクソン社とトワイニング社が両者主張をしており、真相は藪の中。どちらにしても商標登録のようなプロテクションはなされず、グレイ伯爵の名を冠した紅茶は、その後様々なメーカーで作られるようになり、今も世界中で愛されています。

グレイ伯爵が愛した紅茶

グレイ伯爵が愛したアールグレイ。イギリスでは「紳士のお茶」とも呼ばれています。爽やかなフレーバーが頭をスッキリさせ、脳疲労もリセットしてくれることから、ワークコンディショニングティーとして、オフィスのブレイクタイムにも最適です。

必要は発明の母

20世紀の大革命「ティーバッグ」は茶商のひらめきから

20世紀の紅茶界に大革命を起こしたのが「ティーバッグ」です。

その起源には、一人の茶商が偶然ひらめいたユニークな発想がありました。

1904年、アメリカ・ニューヨークで紅茶卸商をしていたトーマス・サリバンは、サンプルの茶葉をホテルやレストランに配り歩くという営業をしていました。

当時のサンプル茶といえば、小さなブリキ缶に入れることが主流でしたが、サリバンはコストダウンのために、シルクの小袋に入れることを思いつきます。

ある時、訪問先の顧客が勘違いをして、サンプルの袋をそのままインフューザーとして、ポットに投げ入れて紅茶をいれはじめました。

それを見たサリバンは瞬時に、**「このアイディアを応用すれば、茶殻を処理する必要もなく、手軽にティーメイクすることができる!」**と思いつき商品化、たちまち人気となりました。

アメリカではそれ以前にも、ティーバッグの原型になるような特許の申請がいくつかあったのですが、商品化には至りませんでした。

サリバンは、顧客の行動から潜在的なニーズを発掘し、マーケティングに結びつけた成功例といえます。

こうして新たに「ティーバッグのマーケット」が誕生します。

利便性の高いティーバッグの需要は伸び続け、業務用だけではなく家庭用にも広まっていきました。急速にアメリカ中へ普及すると、様々なメーカーが参入します。

実用とコストダウンの観点から、**茶葉を包む素材はシルクからガーゼ、そして漉紙《こしがみ》へと進化、形状も丸・三角・四角・巾着型など、抽出しやすく扱いやすいようにと試行錯誤が繰り返されました。**

1920年代になるとティーバッグの包装機が開発され、世界中へ普及しました。

ところが、アメリカ発のティーバッグに対して、保守的なイギリス人は邪道だといって見向きもしませんでした。

イギリスでティーバッグが普及するようになったのは戦後のこと。1950年代から合理的なハウスキーピングを提唱する主婦たちの間で浸透しはじめ、**今ではイギリスの紅茶消費量の95%を占めています。**

BreakTime

日本人によるカイゼンが「高クオリティー」を実現

ティーバッグにもお国柄があり、日本は紐付きのW型バッグが好みですが、**イギリスでは紐のない丸や四角のシングルバッグが主流**です。

一方、ティーバッグも進化を続けていて、21世紀の現在はメッシュ素材で作ったテトラ型ティーバッグが人気となっています。これは、日本企業が開発したもの。ナイロンの繊維を使ってピラミッド型に仕上げることで、「紙やホッチキスのアルミが風味を損なう」「空間が狭く茶葉が十分に開かない」といった既存のティーバッグの問題点を改良し、リーフティーに近い本来のテイストを引き出せるようになったのです。

いまや一流ホテルのアフタヌーンティーにも、堂々とティーバッグが登場することもあります。ティーバッグの味はイマイチというイメージは、ひと昔前の話。概念が一変する紅茶に出会えるかもしれません。

セレンディピティがビジネスの種に

アメリカで誕生した「偶然の産物」アイスティー

ティーバッグの誕生と同じ頃、紅茶史を動かすもうひとつのニューフェイス「**アイスティー**」が登場します。

紀元前に発祥したお茶は、20世紀を迎えるまで、温かい状態で飲むことが世界共通のスタイルでした。

１９０４年、そんなホットティーの概念を覆す出来事がアメリカ・ミズーリ州で開催された「**セントルイス万国博覧会**」で起こったのです。

英国人茶商のリチャード・ブレチンデンは、インド紅茶のセールス活動のためにブースを出展していました。用意した試飲は、もちろんホットティーです。

けれど、英国の夏とは違い、連日猛暑続きのアメリカでは、誰も足を止める人はいません。途方に暮れたリチャー

セントルイス万国博覧会のポスター

ドは、あるアイディアを思いつき、さっそく行動に移します。**紅茶の中に氷を投げ入れ、「ICED TEA!」と叫んでみたのです。**すると、暑さで喉がカラカラだった人々が押し寄せ、たちまち大盛況になったといいます。

こうして偶然の産物として生まれたアイスティーは、瞬く間にアメリカ全土に広まっていきます。

禁酒法が施行された時代（1930－1933年）には、アルコールの代わりに気分を高揚させるテーブルドリンクとしても普及。消費される紅茶の8割がアイスティーといわれるほどの国民的飲料の座を獲得しました。

一方、伝統を重んじるイギリスでは、長年アイスティーは邪道とされてきましたが、若者を中心として抵抗感は薄れつつあります。

同じアメリカ生まれのティーバッグも、初めは「NO！」と受け入れられなかったものが、今ではイギリスの暮らしに欠かせない必需品になっています。

大衆の心理が変わればマーケットが動くということを、再び証明される日も遠くはなさそうです。

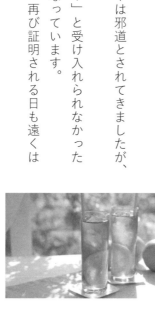

組み合わせの妙

シンビーノ ジャワティの復活

料理とのペアリングを実現

日本人なら誰もが一度は飲んだことがあるのではないでしょうか、シンビーノ ジャワティストレート。あれは何茶だと思いますか？

十六茶のような茶外茶だと思っているかたもいますが、**ジャワティは「100％茶葉を使用した紅茶」です。**

ジャワティの誕生は、日本がバブル景気に湧き、平成の幕があけた1989年。

大塚ホールディングス初代会長で、国民食「ボンカレー」の生みの親でもある大塚明彦氏のアメリカでのある体験から生まれました。

大塚氏がアメリカで研究所のパーティーに招かれた際、アルコールが出せない状況

の中、フランス料理にワインではなくアイスティーがペアリングされて出てきたそうです。「料理に紅茶?」一瞬戸惑ったものの、飲んでみると食事に絶妙にマッチしていて、衝撃を受けたといいます。

その経験を日本へ持ち帰り、テーブルドリンクとして開発したのがジャワティ。

当時、ペットボトル紅茶といえば、「砂糖がたっぷり入った甘い味」が主流でしたが、そこに**「無糖・無香料・無着色」**という画期的なキャラクターで挑んだのです。

徹底してこだわったのが、茶葉のクオリティー。世界中の茶葉の中から厳選したのが、インドネシア産ジャワ島で生産されるジャワティでした。

実はインドネシアは世界第7位の紅茶生産地。歴史は古く、オランダ植民地だった17世紀に、オランダ人が中国茶樹を植えたことからはじまります。

本格的に生産を開始したのは、1879年。スリランカ産のアッサム種を用いて大規模なプランテーション栽培をはじめると、20世紀初頭にはインド・セイロンに次ぐ第三の輸出量を誇る生産国となりました。第二次世界大戦によって日本が統治した際に綿栽培を推したことや、オランダとの独立戦争に伴う混乱によって紅茶栽培は一時衰退しますが、独立後徐々に回復を遂げています。

瓶入り、赤＆白……進化するロングセラー商品

鮮やかで明るい水色と、クセがなく、スッキリとしたあと味というキャラクターを活かし誕生した「テーブルドリンクのパイオニア」ジャワティ。

発売当初から、日本人の食に対する幅広い嗜好に見事にマッチし、CMの効果もあり売上は右肩上がりに伸びていきました。

発売から30年以上、ロングセラー商品となったことには理由があります。

消費者のライフスタイルや志向は常に変化します。企業は商品のブランドやクオリティーを維持しつつ、時流にあわせた対応が求められます。**ジャワティも、その都度「変わるもの」「変わらないもの」を見極め刷新していきました。**

２０１１年には、ワインと同じように料理とのマリアージュを愉しんでほしいと、定番「レッド」に加え「ホワイト」を展開。お酒が飲めない人に向けて、レストランやホテルでのパーティーで振る舞うことができるように、おしゃれな瓶入りで登場しま

ワインのような風味の秘密はポリフェノールの量にも！

赤ワイン約1杯分（100ml）あたりのポリフェノール量が280mgであるのに対し、「ジャワティ」は「レッド」が500mlあたり300mg、「ホワイト」が500mlあたり250mg。

した（下画像）。

もともと、**シンビーノという言葉は、スペイン語でビーノ＝ワイン、シン＝～抜きを意味する造語。**ノンアルコールタイプのテーブルドリンクというコンセプトは、近年人気上昇中のボトルティー（302ページ参照）の先駆けともいえる存在です。

最近では、トレンドに敏感な層が、お洒落なベーカリーや、高級スーパーでランチのお供としてジャワティホワイトをセレクトする層も増え、人気復活の兆しと話題になっています。

久しぶりにジャワティを飲みながら、長く愛される理由を探ってみてはいかがでしょうか？

画像提供:大塚食品株式会社

だいぶ紅茶のことに詳しくなったかにゃ。でも、ここで紹介したお茶の知識はごく一部。茶の産地や、プロダクトなど、ご自身でより見識を深めていくにゃ。

Break Time

ファーストクラスに搭乗する人が嗜むボトルティー

「ファーストクラスで飲んだワインのようなお茶の味が忘れられない……」

そんな噂を耳にして、マイルを貯めて体験した“空飛ぶアフタヌーンティー”。お酒を嗜まないお客様にも、お料理と最高のペアリングを提供できればという思いから始められた機内サービスです。

最初に体験したのは、JALの「**Royal Blue Tea**」（ロイヤルブルーティージャパン株式会社）。ルックス、サービス、味わい方まで、まるでワインのようです。様々な種類があり、高級茶は1本60万円！　伊勢志摩サミットでも提供され、各国首脳も味わったお茶です。

次に、ANAでもボトルティーが期間限定で提供されるという話を聞き、こちらも体験してみることに。ANAが採用したのは「**Cold Brew Tea**」（三井農林株式会社）静岡の名茶園で生産した茶葉を低温抽出し、ボトリングした和紅茶です。香り高くフルーティーな味わいの紅茶は、和食や和菓子にもマッチします。

どちらも品質はもちろん、パッケージにもこだわりがあり、話題性抜群。美食家のかたへ接待の手土産としても喜ばれそうな逸品です。

ANA国際線ファーストクラス採用「Cold Brew Tea 和紅茶」（三井農林株式会社）

Column

世界市場へリベンジに挑む
日本の和紅茶

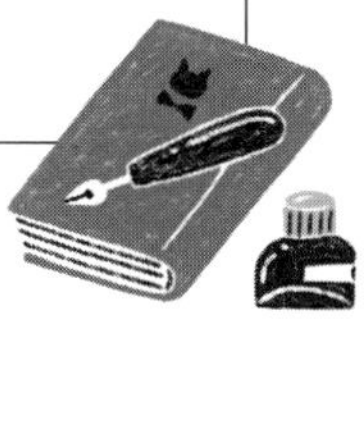

いま、和紅茶がブームになっています。

「日本でも紅茶が作れるようになった！」新しいトレンドと思う人も多いのですが、**日本産の紅茶生産がはじまったのは150年ほど前、明治時代のことです。**

開港後、維新政府は世界マーケットを見据えた輸出産業の育成が急務と考えます。

そこで目をつけたのがお茶です。日本が鎖国状態にあった200年以上の間に、茶のトレンドは緑茶から紅茶へと変貌を遂げていました。

「日本茶がこんなにも美味しく作れるのだから、紅茶を作ったら外貨を獲得できるのでは……」。そう考えた政府は、明治7年（1874年）頃から国策として紅茶業振興に乗り出します。

日本各地に「紅茶伝習所」を開き、中国から茶師を招いたり、インドに日本人を派遣し、技術を学ばせ伝播させていきました。

国を挙げて万国博覧会への出展も試みますが、結論を急ぐと結果的には失敗に終わりました。

敗因のひとつにマーケティング不足が挙げられます。

世界各国のティースタイルや嗜好は、鎖国前とは大きく変化し、国ごとに文化が育まれ、消費者が求めている商品も刻々と変わっていました。

世界初のグローバルカンパニーともいえる東インド会社によって牛耳られてきたそんな紅茶市場に、200年以上にわたり海外との交流を制限していた情報弱者の日本が参入したわけです。

輸出先の需要や動向、商況や商習慣、マーケットリサーチが十分でないまま、生産者目線での商品づくりをしたのでは、太刀打ちできないのも当然です。しかも、当時の日本に紅茶を飲む文化はありません。地球の裏側で飲まれる「外国向けの紅茶を作れ！」といわれても、モチベーションが湧かないのも仕方がありません。

21世紀に入り、そんな紆余曲折のあった日本産紅茶を復活させようという動きが現れます。**明治時代に伝習所があった地域の茶農家さんたちが立ち上がり、日本の土壌にあうように品種改良を重ね、オリジナリティー豊かな紅茶栽培が広まりつつあります。**

日本茶のDNAを受け継ぐ和紅茶のリベンジ、21世紀の紅茶界に旋風を巻き起こすことができるでしょうか。

100年の時を超えて蘇った「やまが復刻紅茶」

明治8年(1875年)、政府が日本初の紅茶伝習所を設置した熊本県山鹿市。2003年、地元の生産者「藤本製茶」3代目藤本邦夫氏が、5年の歳月をかけて研究を重ね、復刻した幻の紅茶です。

Chapter 6

タイプ別解説！

スマートな
ビジネスパーソンが実践している
「お茶の習慣」

座学がやっと終わったって？　失礼だにゃ。まあいい、ここからは実践編として、すぐにはじめられるお茶の愉しみ方をタイプ別に伝えるにゃ。まずは朝茶から！

タイプ1　「眠気を吹き飛ばしたい！」朝茶のススメ

「朝茶は福が増す」

「朝茶は七里帰っても飲め」

古くから多くの諺が示すとおり、朝に飲む一杯のお茶は災難から逃れ、幸福を運ぶといわれてきました。


朝にいただく一杯のお茶は、脳を刺激し、新陳代謝を促し、ココロにもカラダにもプラスの効果をもたらしてくれます。

世界のビジネスエリートたちが実践している有意義なモーニングルーティンの中でも、特に注目されているのが「朝茶の習慣」です。

日本の朝茶やイギリスのモーニングティーは、いわば「やる気スイッチ」。目覚めの一杯は、ＯＦＦからＯＮへとモードを切り替える役割があり、頭を働かせ、集中力を高めることが科学的にも立証されています。

朝茶を習慣化することで、一日の質が大きく変わります。

人間の脳が最もクリアで効率よく働くのは、朝起きてからの３時間といわれています。ビジネスパーソンの脳は起きている間フル回転し、意識・無意識問わず五感を通して様々な情報をインプットしています。

その情報は大脳辺縁系にある海馬に集約され、短期記憶として一時的に保管。睡眠中に大脳皮質で整理され、必要な情報を定着させています。

起床時の脳は、その作業を終えてリセットされた状態。つまり、朝は新しい記憶をインプットしたり、クリエイティブな作業をするのに、最も適した時間です。

集中力の高まるゴールデンタイムは「朝食後の30分間」ともいわれています。この時間帯にピークを迎えられるように朝茶を取り入れるのが効果的です。

朝茶の効能は、**カフェインとテアニン**の相乗作用。

眠気を覚まし、頭もスッキリさせてくれる覚醒作用を促すカフェインと、心身をリラックスさせ、脳機能の低下を抑制するテアニンを同時に摂取することで、集中力や記憶力がさらにアップし、朝の作業をより効率よく進めることができます。

最近では、**茶カテキンの効果で免疫力をあげ、抗ウイルス効果も期待できるという実験結果も発表されました**（３１７ページで詳しく述べます）。

特に冬場など感染症流行期には、うがいだけでも効果があるので、寝起き、満員電車に乗ったあと、積極的に朝のお茶活を取り入れてみてはいかがでしょうか。

お目覚めの一杯で気分爽快、一日のスタートです。

BreakTime

テアニンってなに？

1950年に京都府茶業研究所で発見され、当時の茶の学名Thea sinensisからTheanine（テアニン）と命名されました。

アミノ酸のひとつで、日本ではチャの木以外にニセイロガワリというキノコからしか見つかっていない成分です。

実験では、**テアニンの摂取によって脳内のドーパミンやα波が増加し、ストレスに対する自律神経系の反応を抑制し、眠気を誘発させず「リラックス効果」が生まれることが立証されています。**

また、脳に直接働きかけることから、老化防止や認知症予防の効果も報告され、集中力アップに役立ち、仕事のパフォーマンスを上げる効果もあります。

テアニンの成分はすべてのお茶の葉に含まれますが、紅茶・緑茶・烏龍茶で比較すると緑茶が一番多く、また太陽光を浴びるとカテキンに変化する性質があるため、茶畑に覆いをして光を遮断する抹茶や玉露に多く含まれます。

ただし、**テアニンの抽出は温度によっても変わり、温度が高いほど成分が多く溶け出します。**そのため、低温でいれる玉露よりも高温でいれる紅茶のほうが、一杯のお茶に含まれる量が多い場合もあります。

チャレンジ

朝茶にオススメ

テトラ型のティーバッグで紅茶をいれる

レベル ☕ ♢ ♢

朝の忙しい時間には、手軽さが魅力のティーバッグを。ティーポットでいれると、リーフティーと変わらない風味を引き出すことができます。

❶ ティーポットにティーバッグを入れて熱湯を注ぎます。
❷ フタをして蒸らします。
❸ ティーカップに注ぎます。

お湯の量や蒸らし時間は
茶葉によってまちまち、
説明書きをしっかり読むにゃ～。

タイプ2

「心を整えたい！」 茶禅一味とマインドフルネス

ビジネスパーソンのココロとカラダは、休むことなくフル稼働しています。

ネット社会になるまでは、オフィスを離れて家に戻れば、誰にも邪魔されることなくプライベートな時間を過ごすことができました。

それが、スマホの普及とともに利便性は高まった反面、24時間いつでも連絡が可能となり、オンとオフの区別がつきにくいという弊害も生まれています。

オフの時間スマホに届く仕事絡みのメッセージに、ついつい対応してしまうという人も少なくないのではないでしょうか。

自分よりも誰かのペースを優先させていると、心の声が届きにくくなります。

それが積み重なると、いつの間にか大きなストレスを抱えることになります。

そんな現代のビジネスパーソンに注目されているのが「**マインドフルネス**」です。

マインドフルネスは、瞑想の一種で、心のエクササイズのようなもの。

科学的なエビデンスもあり、スティーブ・ジョブズが実践していたこともあって、グーグルやアップル、ゴールドマン・サックスをはじめとするシリコンバレーのトップ企業が、仕事効率化プログラムとしてマインドフルネスを導入しています。

興味はあるけれど、イマイチよくわからないというかたは、「**茶瞑想（Tea Meditation）**」

からはじめてみてはいかがでしょうか。

お茶と禅は「茶禅一味」、本質は一体の関係にあります。

お茶をいれるという所作そのものが、まさに**「今、その瞬間」に意識を向けること。五感「視覚、触覚、味覚、嗅覚、聴覚」を研ぎ澄まして自分と向き合う時間は、心と頭の塵を払い、潤いを与えてくれます。**

ケトルに水を注ぐ音、ジャンピングしながらゆっくりと舞う茶葉の美しさ、ティーポットから立ちのぼる澄みわたるような新緑の香り……。よどみのない瞬間の重なりに、気持ちがほどけてゆくのがわかります。

茶禅一味の精神からすると、理想的な茶瞑想は茶室で点《た》てるお抹茶です。

畳のうえに正座して、流れるように茶筅を動かすことで目の前の物事に集中することができますし、テアニンをたっぷり含んだ茶葉そのものを身体に取り入れることができ、マインドフルネスには最適といえましょう。

ただし、抹茶や茶筅を用意するのは、敷居が高いと感じるかたも多いのではないでしょうか。そこで、気軽にはじめられるティーポットを使った茶瞑想をご紹介します。

チャレンジ

心と頭の塵を払う

リーフティー3分間茶瞑想

〜 Tea Meditation 〜

レベル

静かな環境の中で、ティーポットを使ってリーフティーをいれ、茶葉を蒸らす3分間を使い自分の心と向き合います。

五感で愉しむリーフティー基本レシピ

＜茶葉3g・熱湯180mℓ＞

❶ ティーポットに茶葉を入れて熱湯を注ぎます。

❷ フタをしたら大きく深呼吸をして、砂時計を使って3分間、茶葉がジャンピングする様子を眺めます。

❸ 茶葉を濾しながらティーカップに注いだら、香り、水色、味を五感で堪能します。

一日3分間、自分のためだけに
一杯のお茶をいれて、
ココロとカラダを解放する
マインドフルネスを実践にゃ〜。

タイプ3 「仕事や勉強に集中！」ワークコンディショニングティー

アメリカーIT企業の拠点であり、有能なビジネスパーソンが集まるシリコンバレーで近年非常に人気が出ているのがお茶です。

グーグル社やツイッター社のオフィスには無料のドリンクバーが設置され、仕事の合間のティーブレイクに飲む一杯として無糖のお茶に注目が集まっています。

アメリカ人が好むお茶といえば、「砂糖たっぷりのアイスティー」が昔から定番とされていました。

その嗜好を変化させたのが、食のトレンド発信地でもあるシリコンバレー。

気分転換やモチベーションアップにつながるコンディショニング飲料として、ヘルシーな日本の緑茶が飲まれるようになったのです。

仕事中の疲れは、身体よりも脳の疲労によるものが大きいといわれています。

脳内で理性を司る「大脳新皮質」がフル稼働した状態が続くと、脳も疲労し機能不全に陥り、仕事の効率が下がります。

その脳疲労に効果を発揮するのが「**茶カテキン**」です。

カテキンというのは、お茶に含まれる苦味や渋味の成分で、1929年理化学研究所の辻村博士らによって存在が確認された、エピカテキン、エピガロカテキン、エピカテキンガレート、エピガロカテキンガレートという形の違う4種類の成分のこと。

この茶カテキンには**人間の体をサビつかせる悪玉活性酸素を取り除く抗酸化力があり、脳の神経細胞を守り、脳機能の低下を抑制する作用も期待できます。**

集中力が落ちてきた、作業効率が下がってきた、そんな脳からのサインを感じたら、ティーブレイクを。

人間の集中力は90分が限界といわれています。

また、カテキンは90度以上の高温でいれると成分が抽出されやすくなります。

「90分ごとに、90度以上でいれたお茶」を飲むことで脳疲労をリセットし、ワークコンディションを整えてみてはいかがでしょうか。

タイプ4

「ストレスから解放されたい」セルフケアティー

仕事が終わり、ホッとひと息つく夕食後や、週末のくつろぎの時間。

チャレンジ

ワークコンディショニングにオススメ

90分に1杯! ティーバッグで気軽に紅茶をいれる

レベル

ちょっとしたコツさえ覚えておくと、ティーバッグでも美味しい紅茶を味わうことができます。

❶ ティーポットに熱湯を注いでからティーバッグを入れます。
❷ フタをして蒸らします。
❸ ティーバッグを取り出します。

頑張った自分へのご褒美として、セルフケアティータイムを取り入れてみてはいかがでしょうか。

多忙なビジネスパーソンも週末の朝くらいは、お気に入りの紅茶をベッドトレイに載せて、気持ちのおもむくままに、ココロとカラダを開放する「癒やしのお茶時間」を設けてもいいかもしれません。

セルフケアティータイムには、紅茶も処方する気分でセレクトします。紅茶の持つ香りには、メンタルに作用し、ストレスを軽減させる働きがあることが科学的に立証されています。

嗅覚から得た香りの情報は、脳内で本能を司る大脳辺縁系にダイレクトに伝わり、乱れたバランスを整え、脳の快楽物質であるα波を引き出す効果があります。

また、香りだけではなく、飲むことによって、テアニン成分からのリラックス効果が得られ、感情をリセットするのに有効な手段でもあります。

リラクゼーションには、脳を休めるために効果的な香り高いお茶がオススメ。紅茶をカップに注ぐ瞬間に、フワァ〜っと香気が立ちのぼり、穏やかな気分になります。

紅茶の香りには、大きく2種類あります。

ひとつめは、**茶葉が本来持ち合わせている「香気」と呼ばれる自然なアロマ**。

解明されている香気成分は500種以上ともいわれています。花のような香りを放つゲラニオール成分、若葉のような香りを放つヘキセノール成分、ちょっと珍しいものだと刺激的なサロメチール臭を放出するメチルサルチレート成分などもあります。

ふたつめは、**人工的に香りを着香した**「フレーバードティー」。

着香茶の発祥は中国。古くなり香りが弱くなった茶葉を、何とかして高値で売りたいと考えた中国人は、茶葉がまわりの香りを吸収しやすいという特性を活かし、花や果実、香辛料などと一緒に保管することで、香りを移す製法を考え出しました。

ジャスミンティーに代表されるこの着香方法は「センテッドティー」と呼ばれます。

香りの嗜好は国によっても人によっても、好き嫌いがはっきりとわかれます。

イギリス人は紅茶の自然な香気のアロマを好み、フランス人は人工的なフレーバーを好む傾向にあります。

たとえば、ローズティー。自然なアロマと人工的なフレーバーは全くの別ものです。

人工的な香りが苦手なかたは、茶葉に乾燥した花びらをブレンドしたものをセレクト

香りの芸術　フレーバードティーの世界

20世紀に入ると、茶葉に直接香料を吹きつける噴霧式の製法がヨーロッパで誕生しました。戦争や不況によって良質の茶葉が入りにくくなったことや、茶葉本来の繊細なアロマが抽出されにくい硬水エリアが多いことから、人工的に香りを施すフレーバードティーが考案され、多種多様な紅茶が登場しました。

したり、紅茶にバラのエディブルフラワー（食用花）を浮かべて、オリジナルブレンドを作ってみるのもオススメです。

心地よい紅茶の香りに包まれて、癒やしのティータイムをお過ごしください。

チャレンジ

セルフケアティーにオススメ

ハーバルブレンドティーをいれる

レベル

その日の体調や気分によって、お気に入りの茶葉にひとつまみのハーブを加えて、特製オリジナルフレーバードティーを愉しみましょう。

基本レシピ＜茶葉3g・熱湯180mℓ＞

❶ ティーポットに、茶葉と一緒に好みのドライハーブをひとつまみ入れて、熱湯を注ぎます。
❷ フタをして蒸らします。
❸ 茶葉を濾しながらティーカップに注いだら、香り、水色、味を五感で堪能します。

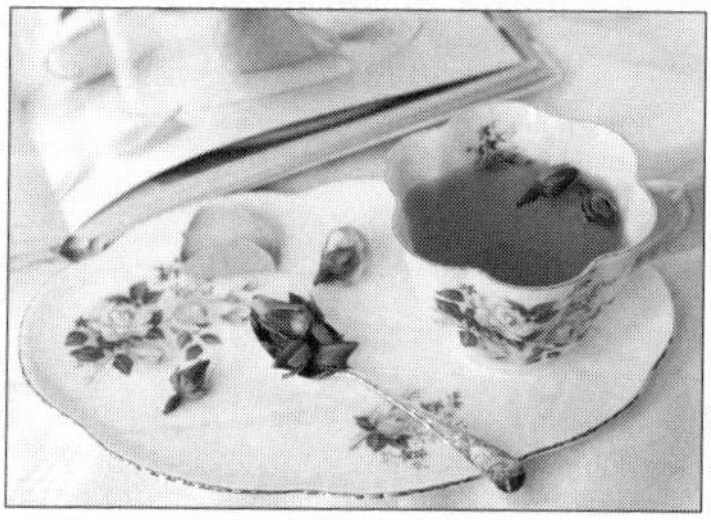

お薦めハーブは、ローズ、
カモミール、エルダーフラワー、
マローブルーなどにゃ。

Break Time

イギリス人が愛飲する正露丸フレーバーの紅茶

イギリスのホテルでアフタヌーンティーをしていると、どこからともなく漂ってくる正露丸のにおい……、その正体はラプサンスーチョンという紅茶です（起源は118ページ）。

ラプサンスーチョンは中国語で正山小種（Zhengshan Xiaozhong）。世界遺産にも登録されている山水画のような武夷山にある桐木村で、今もなお昔ながらの古典的な製法で作られています。

松の木で燻《いぶ》した独特な燻煙香が、正露丸そっくり。それもそのはず、**正露丸の主成分である木クレオソート（wood creosote）とラプサンスーチョンの香りが類似しているのです。**

この強烈なインパクトを持つ紅茶がイギリスで大フィーバーを起こしたのはヴィクトリア時代後期。アッパークラスの間でエキゾチックな香りがもてはやされ、現在でもアフタヌーンティーの定番メニューとなっています。

正露丸を知らない彼らがこの香りを何と表現するのかと尋ねてみると、多くのかたが口にするのが「スコッチウイスキー」。なるほど、モルトウイスキーも原料の麦芽を乾燥させるときにピート（泥炭）で燻しますので、独特のスモーキーフレーバーがあります。

紳士淑女から愛飲されてきた理由が何となくわかりました。お菓子に合わせるというよりも、**チーズや肉料理とペアリングしてみると、あら不思議。口の中で爽やかなマリアージュを奏でます。**

また、水の硬度も関係していて、イギリスの硬水でいれると香りがやわらかくなり、日本で飲むラプサンスーチョンと比べてかなりライトでさっぱりとした味わいになります。

タイプ5

「感染症対策をしたい！」 紅茶ポリフェノール

人類の歴史が始まって以来、長く繰り返されてきた感染症との闘い。

紀元前のエジプトミイラからは天然痘の痕跡が確認され、中世のヨーロッパでは「黒死病」と呼ばれるペストの大流行によって人口の30％もの命が奪われたと推計されています。医学が進歩したとはいえ、近代に入ってからも世界中で幾度となくパンデミックの脅威と対峙してきました。

そして21世紀初頭、猛威を奮ったのが新型コロナウイルスです。

そんな中、日本人の重症者や死亡者が、他国と比べ少ない理由として存在が指摘されてきた謎の要因「ファクターX」のひとつが、お茶にあるのでは？という研究が、業界内で進んでいます。

以前より、「お茶がインフルエンザウイルス対策に効果を発揮する」というエビデンスは広く認知されていましたが、コロナウイルスに対しても効果がみられることが立証され、注目されています。

京都府立医科大学や奈良県立医科大学の実験によると、お茶に含まれる茶カテキンによるコロナウイルス不活化が認められ、感染力低下や予防への応用研究が進められています。

そもそも、なぜお茶がウイルス対策になるのでしょうか？

解き明かす鍵となるのが、先述した「茶カテキン」の抗菌作用です。感染症は、鼻や喉の粘膜にウイルスが付着し、細胞内に入りこむことで増殖します。ウイルスの表面にある「スパイクたんぱく質」と呼ばれる突起を細胞の表面に吸着させながら増えていくのですが、カテキンには、スパイクたんぱく質に結合し、細胞への感染能力を低下させる働きがあるのです。

カテキンと聞くと緑茶に多く含まれるイメージがありますが、**紅茶・緑茶・烏龍茶すべてのお茶の葉に含まれます。**カテキンは発酵が進むにつれ、酸化酵素の働きで結合し、テアフラビンやテアルビジン類という重合物に変化します。

これが、**「紅茶ポリフェノール」**です。ポリフェノールとは、植物に含まれる色素や苦味成分の総称のことで、「赤ワインに含まれるポリフェノールが健康を維持する」と

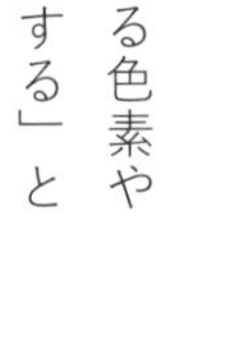

感染予防効果の科学的エビデンス

大阪大学・大阪府立大学・三井農林の共同研究によって、「紅茶ティーバッグ抽出液」は10秒間でウイルスの感染力価を10万分の1に減少させることを発見し、2021年に論文として発表されました。

世界的なブームが起こりました。

紅茶ポリフェノールは極めて強い抗酸化力を持ち、ウイルス感染を阻止する力を発揮することがわかっています。

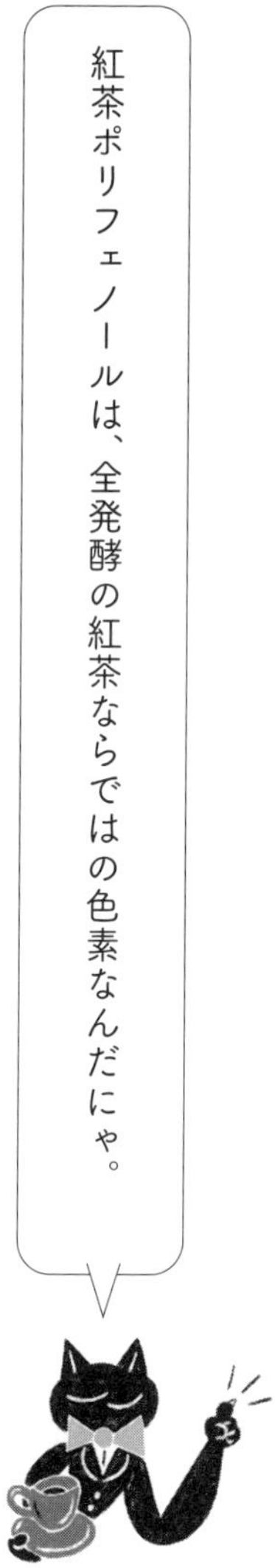
紅茶ポリフェノールは、全発酵の紅茶ならではの色素なんだにゃ。

紅茶ポリフェノールには免疫機能をアップさせる効果もありますので、感染症の流行にかかわらず、**1日3杯程度のストレートティーを飲む「お茶活」を継続することが健康維持につながります。**

紅茶ポリフェノールをしっかり抽出するために、グツグツと沸騰させた熱湯を使った高温抽出法でいれると効果的。カフェインレスの紅茶でもウイルスを無力化する効果は変わらないことが確認されていますので、カフェインが気になる小さなお子様や妊産婦さんは、カフェインレスの紅茶をセレクトしてみてください。

うがいはストレートティーで

「それなら紅茶を沢山飲むイギリス人やインド人のほうが、高い効果を得ているのでは？」と思いますが、彼らが飲むのはミルクティー。ミルクを入れることでポリフェノールがたんぱく質に取り込まれ、ウイルス抑制効果が失われてしまうのです。

うがいだけでも抗ウイルス効果を発揮しますので、気軽にできることから実践し、感染症に負けないカラダづくりを目指しましょう。

チャレンジ

気軽にできる感染症予防
ティーバッグでうがい用紅茶をつくる

レベル

「紅茶うがい」はインフルエンザの型に関係なく、ウイルスの感染率を低減させる効果が確認されています。

❶ ティーポットに熱湯150mlを注ぎ、ティーバッグを1個入れます。
❷ フタをして15分程度抽出します。
❸ 水で2、3倍に薄め、冷めたことを確認したら、コップに移して口に含み、約5秒間ガラガラうがいをします。

お薦めティーバッグは、
テアフラビンの多いアッサム茶、
2煎目の茶葉でもOKにゃ。

タイプ6

紅茶を飲み比べたい

ティーテイスティング（闘茶）

紅茶は好きだけれど、味の違いは正直よくわからない……。

そんな、あなたにお勧めなのがティーテイスティングです。

本来、紅茶の世界でテイスティングといえば、茶葉を審査鑑定するプロの仕事なのですが、南北朝時代に武士の間で流行した「闘茶」のように、気軽に「利き茶」体験することで、紅茶のキャラクターの違いがはっきりと見えてきます。

プロのテイスティング風景を見たことがないかたは、ぜひ YouTube などで発信されている動画をご覧になってみてください。これればかりは、百聞は一見にしかず、ワインとも日本酒とも違うユニークな鑑定方法です。

簡単にプロセスをお伝えします。

プロの技 ティーテイスティング

プロのテイスターになるには、毎日300種類ほどの紅茶を飲み、トレーニングを重ね、10年以上の実務と経験を積んではじめて一人前と呼ばれます。そこから先は、スキルとセンスで評価が決まり、トップに登りつめたテイスターはティーエキスパートと呼ばれ、ワインのソムリエのごとく、社会的地位や名誉、報酬を得ることができます。

まず、茶園や製茶工場の鑑定室でズラリと並ぶ専用のテイスティングカップに、3グラムの茶葉と100㎖の熱湯を入れて抽出します。

水色と香りを審査したら、紅茶液をスプーンですくい、ヒューともズズーとも何とも言えぬ音を立てて啜り、口の中で転がしたら大きく息を吸い込み、最後は勢いよく吐きだすのです。**この間、わずか3秒ほど。**濃厚な抽出液を、飲まずに転がすだけで瞬時に味を鑑定できるなんて、さすがプロフェッショナルの仕事です。

最近では日本でも、紅茶専門店などでプロ仕様の器具が手に入るようになりました。紅茶講座では鑑定士になりきったつもりでテイスティング実習をしていただくのですが、そこで「初めて紅茶の味の違いが体感できました！」というかたが多いのです。

実は、男女問わず紅茶好きを自称するかたでも、本当のところ紅茶の味はよくわからないという人が意外と多いものです。

チャレンジ

気軽に挑戦！
簡単ティーテイスティング

レベル

専用の器具がなくても、ティーポットとカップでOK！
315ページの手順を参考に、気軽にティーテイスティングしてみましょう。

❶ 最初は、3大銘茶の「ダージリン、ウバ、キーマン」の飲み比べがおすすめ。プロのテイスターが鑑定する濃い抽出液だと、日本の水質では渋みがたちすぎてテイストがわかりにくいため、＜茶葉3ｇ・熱湯180cc・3分間抽出＞という条件で揃え、テイスティングしていきます。
❷ 飲み方は自己流で大丈夫。紅茶の香りをチェックしたあと、口に含ませてゆっくりと転がしながら、ボディの強さ、甘味や渋味、口当たりを味わいます。
❸ 徐々に茶葉の種類を増やしていきます。その中から、一番紅茶らしいと感じる「基準茶」決め、様々な紅茶と飲み比べることで、好みのテイストを見つけていきましょう。

ポイントは基準茶を見つけることにゃ。
「紅茶とはこの香りと味!」という軸が定まれば、
キャラクターの違いがわかるようになるにゃ～。

もし、あなたも「紅茶の味はわかりにくい」と感じていたら、それは「飲み比べる」という経験をしたことがないから。テイスティングの基本は比較審査です。何種類かを飲み比べることによってこそ、キャラクターの違いが際立ちます。ぜひ、トライしてみてください。

初めは特徴が摑めなくても、テイスティングを続けることで、「あ、この紅茶はこんなキャラクターをしている」と輪郭がくっきりと浮かぶようになり、味わい方が変わっていきます。

ネットショップでも様々な産地の茶葉が3gずつ入った「テイスティングキット」などが販売されています。世界の産地を巡るもよし、ローテーションするもよし、愉しみながら続けてみてください。

繊細な香りの違い、ボディの強さ、発酵の深さ、紅茶には様々な表情があります。心や身体の状態、季節や時間によっても、欲している茶葉は日々変わるものです。

「今朝は、どんな気分にさせてくれる紅茶を飲もうかな……」そんな選び方ができればもう上級者です！

Column

水が紅茶の味を決める 徳川家御用達「お茶の水」

「御茶の水」

東京にある駅名ですが、なぜこのようなユニークな名前になったのでしょうか？

由来は字の如く。石碑によると、慶長時代、徳川2代将軍秀忠が、禅寺・高林寺の境内から湧き出た水を気に入り、お茶を点てる水として用いたことから、この一帯を「お茶の水」と呼ぶようになったとあります。

中国には「**水為茶之母**（**水は茶の母である**）」という言葉があるように、実はお茶の抽出液の99・7％は水分。どんなに高級な茶葉であっても、水の味次第で風味や水色

が全く異なり、**特に軟水か硬水かで大きく違います**。

水の硬度は、水中のカルシウムとマグネシウムの含有量で決まります。

ＷＨＯ（世界保健機関）の基準によると、１ℓあたりの含有量が１２０mg未満を軟水、１２０mg以上を硬水と分類しています。

日本の水は硬度20～80mg／ℓ程度の軟水、ヨーロッパの水は硬度２００～４００mg／ℓ程度の硬水が多く、柔らかな水に慣れている日本人の私たちは、海外旅行へ行くと水の違いに戸惑うことが多くあります。

国によって**硬水・軟水の違いがある理由のひとつに地質と地形が挙げられます**。

ヨーロッパの地形は比較的なだらかで、石灰岩が多い地質のため、雨水や雪解け水が時間をかけて地下にしみこむ過程で、ミネラル成分が溶け出し硬度の高い水になります。日本の地形は急峻で、火山岩が多い地質のため、ミネラルをあまり含まず硬度の低い水になります。

●紅茶に合うのは軟水？　それとも硬水？

ロンドンに住んでいるかたは「日本茶をイギリスの水でいれると味が全然違う」と言いますが、これは水の違いがはっきりと出ている証拠です。

軟水でお茶をいれると、お茶の成分が抽出されやすいため、茶葉本来のキャラクターを引き出しやすく、水色がクリアでバランスのよいお茶が入ります。

硬水はミネラルの影響でお茶の成分が抽出されにくく、鉄分との化合で水色が暗くなる傾向があります。また、抹茶を硬水でいれるとミネラルの影響で泡が立ちにくいことも立証されています。

だからといって、どちらがお茶に適しているということはありません。

たとえば、昔から日本茶には硬度10～50mg／ℓ程度の軟水があうとされてきましたが、最近のある研究では硬度300mg／ℓ程度の中硬水エビアンを使っていれたお茶のほうが、軟水でいれるよりも旨味が強いという結果が出ています。

また、紅茶の場合も、イギリスの硬水でいれたほうが、日本の軟水でいれたものより美味しいと感じる人は少なくありません。

以前、あるホテルのアフタヌーンティーで、紅茶にあわせて、軟水・硬水も選べるというユニークなティーセレクションのサービスがありました。

茶葉のキャラクターと自分の好みを把握したうえで、**アッサムの茶葉でコク深いミルクティーを飲みたい場合は硬水を、ダージリンの茶葉で繊細な風味を味わいたいときには軟水**というように、水を使い分けられるようになれば、愉しみ方の幅がグッと広がります。

古き茶人は最良の「お茶の水」を求めて、日本各地に足を運び、美味しい水で湯を沸かし、お茶を点てたといいます。それは今も受け継がれ、名水を用いたお点前《てまえ》は名水点という特別なおもてなしになります。

いまや、世界中のナチュラルウォーターがボトリングされる時代、様々な国の水でお茶の旅をしてみると新しい発見があるかもしれません。

著者オススメ！

紅茶専門店5選

1 リーフルダージリンハウス

東京

20年以上愛飲している日本最高峰のダージリン専門店。
一度口にすると紅茶の美味しさに目覚めるはず。
https://shop.leafull.co.jp/

2 紅茶専門店　ティーズリンアン

愛知

紅茶好きが全国から集結する聖地ともいえる場所。
オーナー堀田信幸氏の理系目線での紅茶談議も魅力。
https://liyn-an.com/

3 紅茶専門店　ティーポンド

東京・大阪

世界中の産地からセレクトしたこだわりの茶葉が並ぶ。
バラエティー豊かなフレーバーティーがおすすめ。
http://www.teapond.jp/

4 紅茶専門店　Uf-fu（ウーフ）

東京・神戸

オーナーみずからが現地の茶園を巡り厳選した茶葉は
まさに一期一会。オリジナルブレンドも個性豊か。
https://www.uffu.jp/

5 英国紅茶専門店　ロンドンティールーム

大阪

英国式ミルクティーは一度飲んだら忘れられない味。

茶葉だけではなく、マニアックな道具のこだわりも必見。

https://london-tearoom.co.jp/

additional info

ネットショップで紅茶を買ってもいいの？

紅茶は農作物なので、リアル店舗で茶葉を見て、試飲後に購入するのがベストです。

ただ、家にいながら世界中から紅茶が届くネット購入は大きな魅力。

最近ではネコポスを利用したテイスティングセットや、毎月色々な紅茶が届くサブスクなどもあるので、気軽にお茶活をはじめる一歩としてオススメです。

オススメ！ネットショップ

プレミアムティーショップ　nittoh.1909

日本の紅茶文化を牽引してきた三井農林が手掛けるネットショップ。

オンラインでの茶園ツアーや試飲会などの場も楽しい、新しい形の体験型ECサイト。

https://nittoh1909.com/

Chapter 7

ビジネスで差をつける最高体験！

アフタヌーンティーのススメ

ピンチにもチャンスにもなる「紅茶のマナー」

教養が身についてきたところで、いよいよ紅茶を語るには欠かせないアフタヌーンティーについてお伝えするにゃ。アフタヌーンティーを愉しむにはちょっとした〝決まり事〟があるにゃ。これを知っておくだけで紅茶の世界観がより広がるばかりか、品性を纏った大人になれるにゃ。

イギリスでは「**紅茶を飲む姿には、品位と教養が表れる**」といわれています。初めて出会った人でも、その立ち居振る舞いから三代先までお見通し……なんて聞くと、ドキッとしますよね。

たとえば、現在イギリスで絶大な人気を誇るキャサリン皇太子妃。実は、ご成婚前に紅茶のマナーにまつわるこんな噂が囁かれていました。

当時、一般家庭出身のキャサリン妃との交際に対しては厳しい意見もあったのですが、エリザベス女王がキャサリン妃ご一家をプライベートなアフタヌーンティーに招いたところ、階級差を目の当たりにするような振る舞いがあり、ますます疑問視する声があがったというのです。

事実、結婚に向けての話がなかなか進まずに、一時はメディアから"Waity Kate（待ちぼうけケイト）"という不名誉なニックネームがつけられていたこともありました。

真偽はともかく、マナーは人となりを表す大切な教養のひとつ。一瞬でピンチを招く落とし穴にもなれば、チャンスを切り拓く鍵にもなるということです。

ティーカップは右手で持つ

気品ある紅茶のいただき方は、まず凛とした座位の姿勢がポイントとなります。

美しい姿勢をとるのに大切なのは上半身。座る際には骨盤を意識して立て、天井から糸で引き上げられている感覚で背すじを伸ばします。そのとき、おへその下あたり丹田《たんでん》と呼ばれる部分に力をいれると軸が定まり、美姿勢を保つことができます。

マナーは学ぶもの

イギリスは階級社会、マナーもクラスによって違いがあります。上流階級では幼少期からマナーを習得する特別な時間があり、所作も自然と身についていきます。けれど、イギリスのアッパークラスはわずか1%にも満たない少数派。大多数は自分磨きの「リベラルアーツ」としてマナーを備えていきます。

そして、**品性が表れるのがカップを持つ手先**です。

ティーカップ&ソーサーがサービスされたら、ハイテーブルの場合は、ソーサーには触れずに、右手でカップだけを持ち上げます（POINT 1）。

ローテーブルや立食スタイルの場合は、ソーサーごと胸の高さに持ち上げ、左手でソーサー、右手でカップを持っていただきます（POINT 2）。

このとき、ハンドルにしっかり指を通して握るように持つのではなく、親指・人差し指・中指の3本でつまむようにし、小指は立てずに延長上で揃えて添えるようにすると、非常にエレガントな所作になります。

ティーカップは利き手にかかわらず、右手で扱うのがマナーです。

イギリス人は左利きのかたも多いのですが、小さな頃からティーカップの扱い方も練習して身につけていきます。ハンドルを握るように持ったり、底に左手を添えたり、両手で飲むような仕草は、子どもっぽく映ります。小さな紳士・淑女であっても、常に他人からどう見られているのかを意識しているのです。

ミルクやお砂糖を入れる際には、ティースプーンで音を立てずに混ぜます。このときにカップの中でグルグル混ぜたり、底にあてながら音を立てて混ぜるのはNG。

ティーカップにハンドルはなかった！

紅茶がイギリスに入ってきた17世紀当時、ティーカップにハンドルはついていませんでした。中国や日本製の小さな茶器で貴重なお茶を飲むという時代が長く続き、ハンドルがつけられるようになった初期の頃も、小ぶりで細く、指を通すというよりも、つまむものとして扱われていたようです。

スマートな紅茶の飲み方

POINT 1

ハイテーブルの場合は、
右手でカップを持ち上げる。

POINT 2

ローテーブルの場合は、
ソーサーごと胸の高さまで
持ち上げ、左手でソーサー、
右手でカップを持つ。

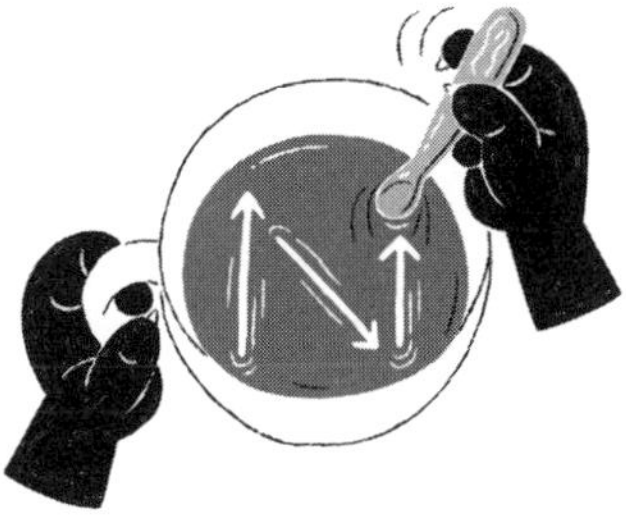

POINT 3

ミルクや砂糖を入れる際は、
スプーンを軽く浮かせた状態で、
手前から奥へとNの文字を
往復しながら描くような
イメージで静かに混ぜる。

スプーンを軽く浮かせた状態で、手前から奥へとNの文字を往復しながら描くようなイメージで静かに動かし、混ぜ終わったら、スプーンはソーサーの奥側に柄を右にして上向きに置きます（POINT 3）。

「**手先には、その人の生き様が表れる**」といわれます。

男女問わず、ハンド&ネイルケアも忘れずに。相手に不快感を与えるようなネイルや、食器を傷つけてしまう恐れのある指輪は避け、清潔感を心がけましょう。

エリートは知っている日本と世界のマナーギャップ

日本の常識は世界の非常識。

そんな言葉があるとおり、礼儀正しい国民といわれる日本人の私たちも、文化や習慣の違いから、グローバルな視点で見ると常識のギャップが生じることもあります。

たとえば、お食事を待つ間、日本では手を膝の上に置くかたが多いのですが、**西洋**

のマナーにおいては、手は軽く握って、テーブルの上に手首をあてるように置きます。これは騎士道精神の証しで、両手を相手に見せることで、武器を隠し持っていない（＝敵意はありません）という意思表示になります。

お料理が運ばれたら、即座に食べはじめてはいけません。お声がけがない限りは全員分揃うまで待ちます。スタートのタイミングは、日本では「いただきます」と言う習慣がありますが、英語には決まったフレーズはありません。アフタヌーンティーの場合は、メインのかたが紅茶に口をつけた瞬間が合図になります。

また、お食事中にも周囲への配慮が必要です。

サービスのかたを呼ぶ際に、日本では「すみません！」と手を挙げて大声を響かせ、その場の空気を一変させることがありますが、クレームでもない限りは、アイコンタクトで伝えるのがスマート。また、腕を組む、肘をつく、靴を脱ぐ、髪を触るなどの動作も失礼な振る舞いにあたりますので避けましょう。

そして、何よりも一番嫌われるのが、食事中に立てる音です。

日本では、お蕎麦などを「啜る」という習慣があり、洋食の際にもスープ・パスタ

お酌はNG

日本に根強くある女性のお酌文化もタブー。隣のかたのティーカップが空になったからといって、紅茶を注ぐ必要もありません。

などを吸い込むように食べるかたも見受けますが、海外ではその音を非常に不快に感じるかたが多く、周囲への配慮に欠けマナーに反する行為とされます。

特に、**日本人の私たちは、紅茶を飲む際には注意が必要です。**

日本の茶道では最後に音を立てていただく作法がありますし、紅茶は日本茶と比べて高い温度でいれるため、どうしても空気と一緒に吸い込み、無意識に音が出てしまうことが男女問わず多いのです。


食事の作法は、頭ではなく身体で覚えるものです。

「ティーマナーは育ちを表す」という言葉の裏には、一朝一夕で身につくものではないため、幼児期の躾や食育が基本という意味もあります。

品格の格差で、チャンスを逃すことも摑むこともあるのがビジネスの世界。日頃から食事の際には静かに食すように気を配ることが大切です。


海外のホテルでは、クレームを避けるために、日本人は敢えてバックヤード近くの騒がしい席に案内されるなんてことも。気を付けるに越したことはないにゃ。

The Ritz London Clerkenwell Boy EC1.

Column

教養あるエチケット？ 紅茶を受け皿で飲む貴婦人たち

「紅茶をいただくときには、カップからソーサーに移しかえて、音を立てて飲むのが教養あるエチケット」

一見奇妙にも思えるマナーが囁かれていたのは、お茶がヨーロッパに渡った初期の頃。なぜ、そのような不思議な光景が繰り広げられるようになったのでしょうか？

イギリスにお茶が広まってきた17世紀半ば、お茶とともにティーロードを渡ってきたのが茶道具でした。中国で古くから使われていた急須や茶碗などの茶器は、もともと船の安定を保つためのバラストとして積み込まれたのです。

初期の頃は、ハンドルのないティーボウルと呼ばれる小さな茶碗で緑茶を飲んでいました。

初めて手にする磁器は魅力的ではあるものの、薄さゆえに熱くて持ちにくいという悩みがありました。そこで、茶碗から受け皿に移すことで温度を下げ、音を立てて空気と一緒に飲むことで、苦味を和らげるという日本の茶道を真似た **“Dish of Tea”** という作法が誕生したのです。

ちなみにソーサーといっても、薄くフラットなデザインではなく、茶碗と受け皿の容量がぴったり一致する深みのあるタイプ。日本で見かけるカップ&ソーサーの受け皿は、薄いデザインが主流ですが、深皿タイプのソーサーも現存していて、現在でもお国柄によって好みがわかれます。

持ちにくいという悩みを解消するために、18世紀に入るとハンドルのついたカップが誕生しましたが、Dish of Teaの作法はイギリス中に広まっていき、20世紀に入っても一部の地方に残されていたようです。

『紳士道と武士道――日英比較文化論』（トレバー・レゲット著）によると、**エリザベス2世女王が田舎町を訪れた際、ご年配の婦人が紅茶を受け皿に移して飲む姿を目にし、女王も同じように Dish of Teaで召し上がったという記述があります。**

肖像画を見ていると、18世紀頃にはティーボウルを手にしている絵も多く磁器が宝石や金銀装飾品と同じ感覚で位置づけられていたことがうかがえます。

また、19世紀の日常を描いた絵の中には、Dish of Teaの風景が映し出されています。その時代の茶道具や茶の位置づけを物語る貴重な存在です。

The Great Atlantic and Pacific Tea Co.のポストカード

紅茶が先か、ミルクが先か？

「紅茶を注ぐ前にミルクを先に入れるのが英国式マナー」
一度はそんなフレーズを聞いたことがあるのではないでしょうか。

イギリスのあるデータによると、紅茶にミルクを入れる派は90％。そのうち、**ミルクを先に入れるＭＩＦ派**（**Milk in first**）**は20％、後から入れるＭＩＡ派**（**Milk in after**）**は80％とあります。**

実はこの論争、イギリス人が昔から大好きなテーマのひとつで、お互いにそれぞれ興味深い言い分があります。ＭＩＦ派は「ミルクの量が明確、よく混ざって美味しい」といい、ＭＩＡ派は「まずはストレートで紅茶の香りを愉しむ」といいます。

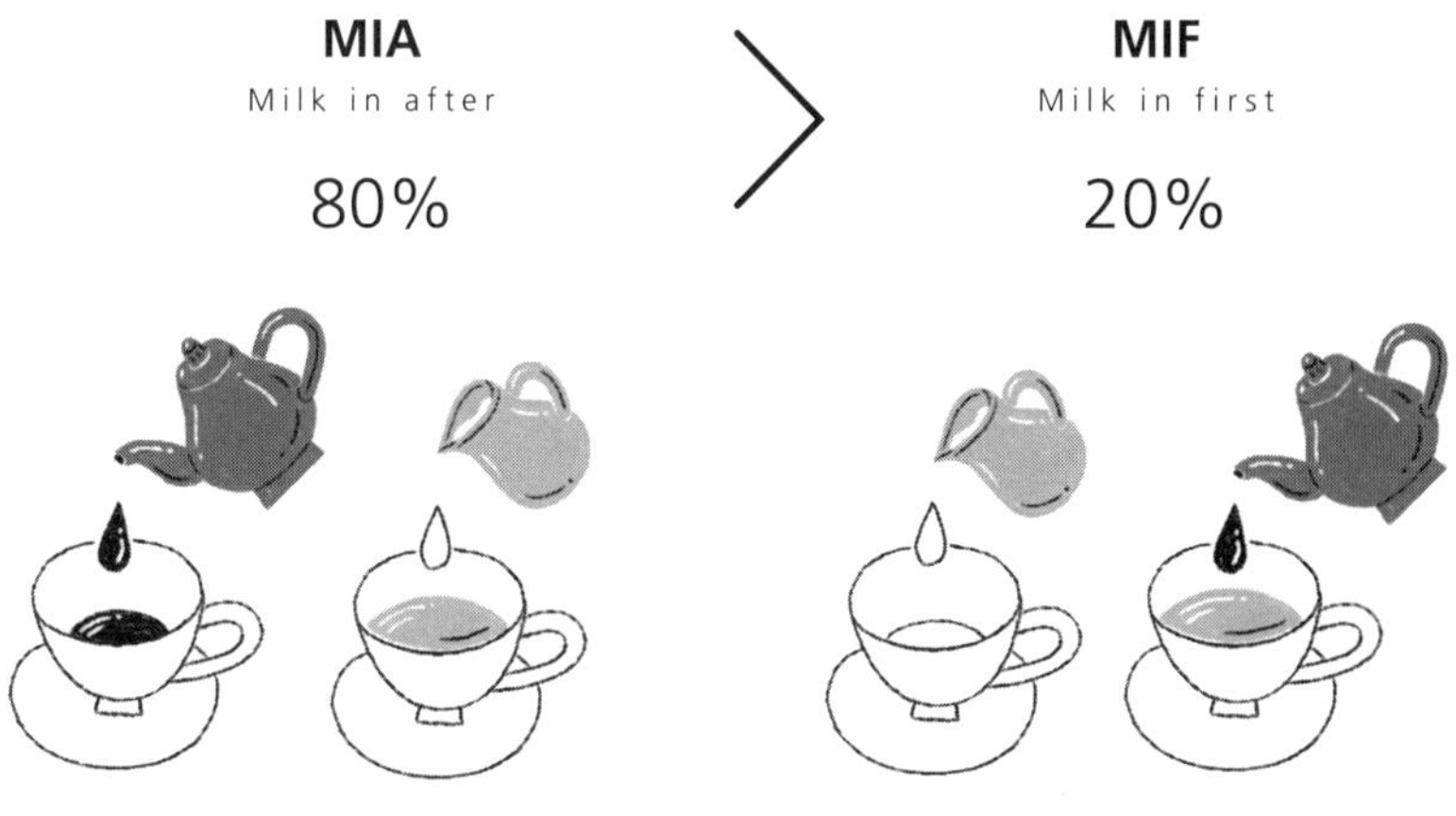

実は、イギリスらしく、**ここにも階級が見え隠れしています。**
アフタヌーンティーが広まった19世紀、優雅なお茶会とは無縁の労働者階級にとって、紅茶は活力の源でした。温かい紅茶にたっぷりと砂糖とミルクを入れて飲み、英気を養ったのです。

当時はティーカップが大変貴重だったため、熱々の紅茶を入れることによって陶磁器が割れたり、ヒビが入ったりするのを避ける意味で、常温のミルクを先に入れてから紅茶を注いでいました。MIFの作法は、この習慣の名残ともいわれています。

一方、上流階級がアフタヌーンティーでいただくような紅茶は、ダージリンやキーマンといった繊細な香りそのものを愉しむお茶。ストレートでナチュラルな茶葉の風味を味わうものです。そのため、貴族の間には「紅茶より先にミルクを入れてはいけない」という作法もありました。

そのような背景から、「ミルクを先に入れるのは労働者階級、あとから入れるのが上流階級のしきたり」と囁かれていた時代もありましたが、現在は年代が下がるにつれてMIA派の割合が増えています。

MIF vs. MIA

英国王立化学協会の検証によると、MIFのほうが美味しい紅茶ができあがると結論づけています。エビデンスとしては、高温の紅茶の中に温度の低いミルクを入れると熱変性が生じやすく、逆の順番で入れるMIFのほうが風味は損なわれにくいとのことなのですが、両者譲らず、大好きなこの論争に終止符を打つ気はないようです。

BreakTime

ティーカップに舞う「ホコリ」の正体

一流ホテルで紅茶をオーダーした際、運ばれてきたティーカップの紅茶を眺めていると、表面にホコリのようなものが浮いています……、さて、あなたならどうしますか？

潔癖といわれる日本では、「ホコリが浮いているのでいれ直してください！」とのクレームが多いのですが、実はこの正体は「毛茸」です。

柔らかな若葉を強い陽射しや害虫から守るために表皮細胞が変形して細かな毛状になった「**うぶ毛**」のようなもので、**植物学では「トライコーム」(trichome) と呼ばれます**。よく見るとキラキラと光るこの毛茸は、芯芽が成長するにつれて落ちていくので、わずかな期間に見られる希少部位でもあります。

紅茶の世界では、この毛茸に包まれた芯芽にチップという特別な名前をつけていて（273ページ参照）、**チップが沢山入った紅茶はTippyというグレードになり、高級茶として扱われます**。さらに、その芯芽が銀色の場合はシルバーチップ、金色の場合はゴールデンチップと呼び、珍重されます。

「チップが多く、グレードの高い茶葉をお使いですね」と褒めてみると、スマートな紅茶通！と思われるかもしれません。

3段スタンドに載ったティーフーズの正しい食べ方

アフタヌーンティーは「英国式の茶道」ですので、フォーマルなアフタヌーンティーには、日本の茶の湯と同じように少し堅苦しい約束事があります。

アフタヌーンティーのアイコンといえば、**シルバーの3段スタンド**（**Three Tier Stand**）を思い浮かべるかたが多いのですが、必ずしもそれが正式なスタイルというわけではありません。

ヴィクトリア時代、貴族の邸宅で開かれていたフォーマルなティーセレモニーでは、**ティーフーズはシルバーのサーヴィングプレートに盛りつけた状態で、タイミングを見計らいながら、コース仕立てで一皿ずつ運ばれてきました。**その場合、順番に従って取り分ければよいのですから、迷うことはありません。

ただし、3段スタンドで出てきた場合、「何から食べはじめればいいの？」「果たして順番があるのだろうか？」という疑問が湧いてくるはずです。

そんなときには頭を切り替えて、ビュッフェスタイルを想定してみてください。

BreakTime

アフタヌーンティーのアイコン Three Tier Stand

シルバーの3段スタンドは、20世紀初頭にサービスの簡素化という面から考案された「便利なアイディアグッズ」です。スタンドのルーツは、「**ダムウェイター**」という家具。「口を利かない給仕人」という意味を持つ、小さなサイドテーブルが2段、3段と重なった木製家具です。貴族の館でアフタヌーンティーをする際に、有り余るほどのお菓子を並べて置き、順番にサービスするために使われていたものです。

そのダムウェイターを小さくして、卓上型にしたものが3段スタンドで、1920〜30年代にかけて、様々な種類のアイテムが登場しました。

日本でもアフタヌーンティー人気を受けて、鋳物の町である新潟県燕市を中心として製造されています。お手入れがしやすいように変色防止加工を施したり、収納しやすいように折り畳み式にしたりと、日本独自の進化を遂げています。

好きなものを自由に食べられるからといって、いきなりデザートから食べはじめるのではなく、コース料理の構成に従って、前菜→スープ→メイン→デザートと食べ進めるのがマナーです。

アフタヌーンティーの場合も、同じこと。セイボリー（塩味の食べもの）**→スコーン→ペイストリーの順にいただきます。**

「3段スタンドは下から順番に食べるのがマナー」との説明がされることもありますが、その覚え方にはリスクがあります。なぜなら、イギリスでは下から順番にセッティングされていることが多いのですが、**日本の場合は見栄えが優先され、例外パターンのほうが多いからです。**

単純に位置で覚えるのではなく、原則どおり**サンドイッチなどの塩味のセイボリーからスタートし、甘味のペイストリーへと食べ進めましょう。**

そして、この順番は基本的に逆戻りせずに進みます。

本来のワンプレートごとのサービスの場合は、前のプレートを下げてから次に進みますが、3段スタンドで出てきた場合、順番は関係なく好きなように食べてしまいがちです。最近は感染症対策のために、1人1台のスタンドが出てくることもありますが、本来は複数人でシェアして使うもの。**同じテーブルの中で、一人だけ好きなものをマイペースで食べ進めていたら、空気の読めない自分本位な人と評価されてしまうこともあります。**

また、ティーフーズに関しても、おかわり可能な場合とそうでない場合があります。イギリスのホテルは食べ放題形式が多く、次々と促されますが、プレートがてんこ盛り状態というのは品位があるとはいえません。

インフォーマルな場合は厳格なルールはありませんが、オーソドックスなマナーを押さえていれば、いくらでもアレンジが利きます。まわりとコミュニケーションを取りながら、ペースをあわせてスマートに食べ進めてみてください。

ティーフーズは「左手」で

ティーフーズは3段スタンドからダイレクトに口に運ぶのはタブー。必ず、自分のプレートに取り分けてからいただきます。

このとき、気を利かせたつもりで**隣の分まで盛りつけたり、取り分け役をするのは逆効果。**

たとえば、ホールケーキが出てきた場合、狩猟民族と農耕民族の違いが顕著に表れます。私たち日本人は、ここで人数を数えて等分にカットしてから分配しがちですが、個人主義の西洋スタイルは、ゲストの数とバランスを考えつつ、自分が食べる分のみ取り分けます。

フォーマルなアフタヌーンティーには小ぶりなフィンガーフードが出てきますので、サンドイッチなど手でつまめるものに関しては、**カトラリー（ナイフやフォーク）は使わず左手でいただきます。**

なぜ左なのかというと、ここにも理由があります。ティーカップを持つ右手で、サンドイッチやお菓子を食べると、手に残った油脂などで、ハンドルを汚してしまい、手も滑りやすくなります。

お食事を終えて席を立つ場合、ナイフの刃は内側、フォークの歯先は上に向け、プレートの中央に縦に揃えて置くのが英国スタイル。左右どちらからでも片づけられるようにという配慮からです。ナプキンはクチャっと丸めず、軽く畳んで左側に置きます。

そこで、飲みものは右手、食べものは左手と使い分けをするわけです。

普段は右手を使うかたが多いと思いますので、今日からいきなり左手といわれると、最初は食べにくいと感じますが、それがかえって美しい所作になります。

使い慣れている利き手は、どうしても粗雑になりがちですが、慣れていない手は自然とゆっくりした丁寧な動きになるからです。

箸遣いと同じように、意外と手先は見られていますので、意識してみてくださいね。

貴族にとっての最高の贅沢　キューカンバーサンドイッチ

ティーフーズのスターターとなるのは、セイボリーです。

伝統的なメニューはティーサンドイッチですが、最近では前菜やスープのようなアミューズの盛り合わせが人気となっています。

ここでセンスが表れるのがペアリングする紅茶。

紅茶の主成分は、ワインと同じタンニン。ワインを選ぶように紅茶をセレクトしてはいかがでしょう。

「タンニンが多いアッサム種＝ボディが重くずっしりとした赤ワイン」「アミノ酸が多い中国種＝軽くて口当たりがよい白ワイン」と考え、ティーフーズに合わせてペアリングしてみてください。

サンドイッチによく合う紅茶としては、ダージリンやヌワラエリヤ、キーマンなどが挙げられます、ぜひお試しを。

優雅なイギリスのアフタヌーンティーに欠かせないのが「キュウリのサンドイッチ」です。

日本人の感覚からすると、「かっぱ巻」に代表される庶民的なイメージのキュウリ。憧れの食材といわれても、腑に落ちない感がありますが、最高級ホテルと名高いリッツのアフタヌーンティーブックの中にも、**「キューカンバーサンドイッチはティーテーブルの貴族です。優雅で洗練され、非の打ち所がありません」と賛美の言葉が並びます。**いったいなぜ、キュウリが貴族の食べものになったのでしょうか？

アフタヌーンティーが発祥したヴィクトリア時代。

緯度が高いイギリスの気候は、気温が低いうえに日照時間も少なく、キュウリを栽培するのが非常に困難でした。

そこで、フランスの貴族がオレンジを育てるために庭に専用の温室「オランジェリー」を競って作ったように、イギリスの貴族はキュウリを育てるための温室「グリーンハウス」を作りました。コンサバトリーを応用して内側に温水が通る管を設置し、庭師たちが細心の注意を払い、温度管理をしながら栽培したといいます。

さらに、完璧主義者で曲がったことが大嫌いな英国人ガーデナーは、見た目や味を追求し、キュウリのねじれを矯正する「**キューカンバーストレイナー**」なるものを考案しました。

何やら巨大試験管のようなガラス管なのですが、よく見るとちょうどキュウリ一本分が入る大きさ。こうして1本1本矯正器具がつけられ、丹精込めて作られたキュウリは、まさに〝温室育ち〟というわけです。

ロンドンGarden Museumに展示されているキューカンバーストレイナー

その貴重なキュウリを惜しげもなくふんだんに使ったキューカンバーサンドイッチは最高のおもてなし、つまりステイタスシンボルだったのです。

やがて貴族のティーテーブルには欠かせない存在となり、「キューカンバーサンドイッチが用意できなかったシェフが自ら命を断って詫びた」なんていう話まで出たほどです。

ちなみに、日本のキュウリと英国のキューカンバーを比べると、大きさも味も結構違いがあります。キューカンバーはキュウリというよりウリに近く、新鮮なミントとあわせてサンドイッチにすると、シンプルながら格別の美味しさに感じるから不思議です。

現在でも、英国王室のアフタヌーンティーはじめ、ホテルやティールームでも不動の地位を誇るキューカンバーサンドイッチ。**ラプサンスーチョン**（323ページ参照）**とペアリングすれば、19世紀の英国貴族気分を味わえるかもしれません。**

Column

サンドイッチ伯爵の子孫が展開する サンドイッチビジネス

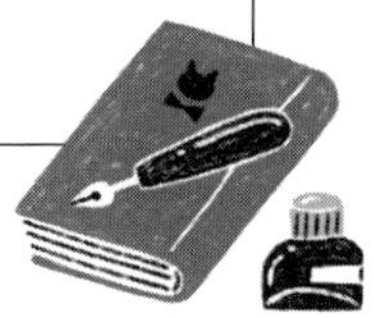

アフタヌーンティーに欠かせないサンドイッチも、ルーツを辿るとアールグレイと同じく英国貴族に由来します。

17世紀、清教徒革命によってオランダへ亡命中だったチャールズ2世のもとに、イングランド艦隊を率いて迎えに行ったことで、1660年に伯爵の爵位を授与されたのが、初代サンドイッチ伯爵。英国王室にお茶を広めたファーストドリンキングクイーン・キャサリン妃（105ページ参照）とチャールズ2世の仲人役も務めた人物です。

18世紀に爵位を継いだ第4代サンドイッチ伯爵ジョン・モンタギューは賭け事が大好きで、館に友人を招いては、カードゲームに明け暮れていました。

ゲームが盛り上がると食事の時間も惜しくなり、パンの間にローストビーフやチーズを挟んだものを執事に用意させ、トランプを持ったまま片手でつまんで食べながらゲームを続けたといいます。そんな、伯爵流のスタイルが広まり、サンドイッチと呼ばれるようになった……というエピソードが語り継がれています。

いやいや、それはゴシップネタで、伯爵は真摯な政治家だったという声もありますが、このファミリーヒストリーを上手くビジネスに活かしているのが、現在爵位を継承している第11代サンドイッチ伯爵です。

貴族院議員でもあり、実業家でもある彼は、伯爵の名を冠した"Earl of Sandwich"というサンドイッチ専門店を開き、アメリカ全土でチェーン展開をしています。

先代の伯爵が考案したオリジナルローストビーフサンドイッチ**"The Original 1762"も人気商品として健在。アメリカではサンドイッチ伯爵の誕生日である11月3日がNational Sandwich Day**（**サンドイッチの日**）**に制定されるほど、愛されています。**

19世紀、貴族の館で午後のお茶会がはじまると、トランプに替わりティーカップ片手につまんで口にすることができるサンドイッチが、アフタヌーンティーのメニューに登場します。

ただし、**ティータイムに饗される「ティーサンドイッチ」は、サンドイッチ伯爵がお腹を満たすために作らせた具材が多くボリュームたっぷりのサンドイッチとは、一線を画するものでした。**

女性の華奢な指先でつまみ、大きな口を開けることなく口もとへ運ぶことができるように、パンは透けるほど薄くカットし、フィリング（具材）は1種類のみ。それを1インチ（2・54cm）角にカットし、サンドイッチ専用の銀器に載せて運びました。

サンドイッチひとつにも究極のエレガントさが表現されるのがアフタヌーンティーなのです。

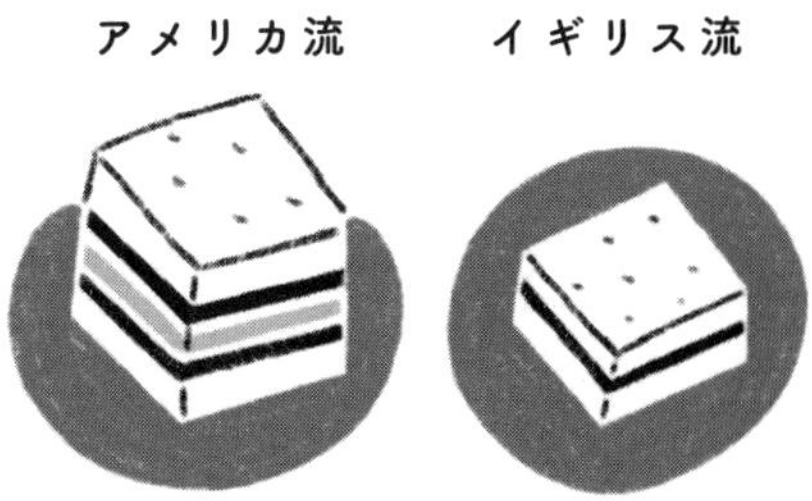

英国王の玉座とスコーン

英国菓子の代表選手といえば、誰もが思い浮かべるのがスコーンです。文献に初めてスコーンが登場したのは1513年のこと。

名前の由来は、スコットランドにある「運命の石（Stone of Destiny, Stone of Scone）」にあるという説が有力です。

この石は聖地エルサレムで聖ヤコブが枕にし、神からの啓示を受けたという伝説のパワーストーン。幾度もの争奪戦の末に先住民のスコット族によって持ち込まれ、スコットランド王家の守護石とされていました。

ところが1296年、イングランド国王エドワード1世が石を奪い去り、ロンドンのウエストミンスター寺院に運び、歴代国王の戴冠式に使用する玉座として用いたのです。

スコットランド人は屈辱を晴らすために、その後何度か奪還を試みるものの失敗。

そのたびに独立問題が湧き上がり、ついに1996年、ブレア

戴冠式の椅子とスコーンの石（The Coronation Chair and The Stone of Scone）

政権のもとで700年ぶりにスコットランドへ返還されたという「いわくつきの聖なる石」というわけです。

現在はエディンバラ城に保管されていますが、返還条件に「**将来にわたっても英国君主の戴冠式には玉座として用いる**」とあり、次期国王が即位する際には、ウエストミンスター寺院に貸し出されるのか、密かに注目されています。

スコーンの正しい食べかた

スコットランド発祥のスコーンは「運命の石」伝説も複雑に絡み、スコーンを食べる際のマナーにまで影響をもたらしています。

そのひとつが、「**スコーンを食べる際にナイフでカットしてはいけない**」というもの。

神聖なスコーンに刃物を入れるという行為が、神への冒瀆にあ

聖なる石にナイフを入れるな!

たる不敬な振る舞いと考える人もいるから、というのが理由です。

ただし、出身地によっても考えが異なるようです。イングランド出身の先生が言うには、「あくまでもそれは、スコットランドのポリシー。イングランド、スコットランド、ウェールズ、北アイルランドの4か国から成り立つイギリスには色々な立場や考えがあるし、今はそれほどうるさく言う人もいない」とのことでした。

実際の食べ方ですが、**スコーンを手にとったら上下ふたつに割ります。**

上手に焼けたスコーンは、「狼の口」と呼ばれる形状をしていますので、中央あたりを手で押さえて持ち上げると、均等に分かれます。左手でスコーンを持ったら、ジャムとクロテッドクリームを塗っていただきます。

クロテッドクリームは、**濃厚な牛乳の上澄みを固めたクリームのこと、スコーンには欠かせません。**イギリスでは紀元前から作られていた伝統的なクリームで、日本でも90年代から国産クロテッドクリームが作られるようになり、広く普及しています。

クロテッドクリームとジャムを盛る順番ですが、ここにも紅茶に入れるミルク問題

マナーにおけるゼネレーションギャップ

スコットランドの田舎町のティールームで、スコーンをナイフでカットする若者に対して、ご年配のかたが説き聞かせている光景を目にしたことがあります。そのとき、作法を単なる知識として覚えるのではなく、なぜそのマナーができたのかという背景を知ることが大切なのだということを痛感しました。

と同じような論争が見え隠れしています。

ただし、こちらは階級ではなく産地による違い。**クロテッドクリームの産地は、ウエストカントリーのデヴォン州とコーンウォール州。**ジャムを先に塗るのが「コーニッシュスタイル」、クリームを先に塗るのが「デヴォンシャースタイル」です。「クリームティー」と呼ばれるカントリーサイドで好まれるメニュー（大きめのスコーン2個とクロテッドクリーム&ジャム、ポット一杯の紅茶）もこのエリアから発祥したものです。

ちなみに英国王室の方々は、ジャムファーストの作法で召し上がるといわれています。

スコーンは焼き立ての温かい状態で出てきますので、熱でクリームが溶けてしまうことを避けるためにという理由なのですが、ウィリアム皇太子の称号であるコーンウォール公爵も関係しているのではとの憶測もあります。

左：コーニッシュスタイル
右：デヴォンシャースタイル

#creamfirst 派 vs. #jamfirst 派

ロイヤルファミリーがスコーンを食べるとき、どちらを先に塗るかは注目の的。それによってSNSが炎上し、王室広報官からコメントが出るほどです。Instagramで繰り広げられる#creamfirst派と#jamfirst派の争いも、ティータイムを盛り上げる話題のひとつです。

アフタヌーンティーとハイティーの違い

アフタヌーンティーと混同されやすいティータイムに「**ハイティー**」があります。

High という言葉の響きから、アフタヌーンティーよりも格上なのでは？と勘違いされがちですが、このふたつは対照的なティータイムです。

ハイティーは19世紀、北イングランドの工業地帯やスコットランドの農村部からはじまったカジュアルなティータイムの習慣。労働を終えて帰宅する男性たちを待って、午後5時頃から家族とともに温かい紅茶と一緒に取る食事スタイルです（下画像）。

ハイティーの習慣が広まった背景には、「絶対禁酒運動」がありました。

仕事帰りにパブへ直行する男性陣の習慣を断ち切るために、営業時間を規制。早々に家へ戻り、ヴィクトリア女王の肖像画が飾られたダイニングルームで一家団欒、夕食を取ることが推奨されたのです。

肉料理が含まれることから「ミートティー」とも呼ばれました。

ハイティーの語源は、背もたれのある椅子を意味する「ハイバックチェア」や食事用の「ハイテーブル」からきています。

この“High Tea”に対して、ローテーブルで行うアフタヌーンティーのことを、“Low Tea”と表現することもあります。

このふたつを比較すると、メニューも全く異なります。ハムなどの火を通さないコールドミールに、コテージパイなどの家庭料理、温野菜やブラウンブレッド、そこにプディングなどのデザートが加わり、お酒ではなく紅茶と一緒にいただくスタイルです。

進化するハイティーのスタイル

現在では、オペラやミュージカルの開演前にいただく軽めのディナーとして、ホテルやレストランで提供されていて、シャンパーニュがペアリングされたシャンパンハイティーのメニューも人気です。フルコースのお食事と比べると時間も量も半分程度と手軽なため、ビジネスシーンの商談の場としても重宝されています。

英国紳士の愛用品　ムスタッシュカップ

英国紳士のトレードマークといえば、シルクハットに口髭。そんなイメージはありませんか？

アフタヌーンティーが大流行したヴィクトリア時代、口髭はジェントルマンの証しでした。時のインフルエンサー、ヴィクトリア女王の夫であるアルバート公の影響で、貴族だけではなく労働者階級まで、男らしい口髭がトレンドとなって広がったのです。

そんな男性たちを悩ませたのが、ティータイム。紅茶を飲むとき、念入りにワックスを塗って整えたご自慢の口髭が濡れて崩れてしまうのです。

英国製のムスタッシュカップ

ムスタッシュカップ

口髭難儀は世界共通だったようで、イギリスだけではなく、ドイツのマイセン、フランスのリモージュ、日本のノリタケなどの名窯でも、次々と製造されるようになります。ジャポニズムブームを彷彿させる豪華絢爛な金彩が施されたオールドノリタケのムスタッシュカップは、今や貴重なコレクターズアイテムとなっています。

ジェントルマンたちの悩みを耳にしたイギリス人陶芸家ハービー・アダムスは、19世紀半ば「ムスタッシュカップ（Moustache Cup）」を考案。**一見普通のティーカップなのですが、のぞき込むと内側に髭をガードするカバーがついた口髭用カップです。**

「これで安心して紅茶が飲める！」と、たちまちイギリス中に広まっていきます。

すると、女性とのアフタヌーンティーに同席できるように、夫婦茶碗ならぬフェミニンなタッチのペアカップや、工事現場で働く口髭男子用に、2杯分もの紅茶が入るビルダーズカップなど、様々なバリエーションが世に送り出されました。

ハービーはこの斬新なアイディアから生まれたヒット商品のおかげで、今でいうFIRE（Financial Independence, Retire Early）を成し遂げ、早々にリタイヤして悠々自適な生活を送ったといいます。

アンティークショップの片隅でムスタッシュカップを見かけたら、紅茶を嗜む紳士の姿を想像しながら、次世代のトレンドたまごを生み出してみてはいかがでしょうか。

日本の茶道と英国のアフタヌーンティーの共通点

「日本の茶道」と「英国のアフタヌーンティー」。

一見対極にあるように見えるこのふたつですが、実は非常によく似ています。それもそのはず、英国のフォーマルなティーセレモニーは日本の「茶」や神秘的な儀式である「茶の湯」への憧憬からはじまった、いわば「英国流の茶道」なのです。

ここで、日本の茶事と英国のティーセレモニーを簡単に比較してみましょう。

「茶の湯とアフタヌーンティー」。どちらにも共通しているのが、ティーセレモニーの背景にある「もてなしの心」という精神性です。

アフタヌーンティーの伝統的なスタイルは、茶事と同じように、自宅にゲストを招き、季節やテーマにあわせたコーディネートで出迎え、心を尽くす「もてなしの文化」です。

ティーセレモニー比較

	英国	日本
形式	ドローイングルームにゲストを招き、心を尽くしてもてなす。	茶室に客を招き、心を尽くしてもてなす。
席次と人数	ゲストは、第一主賓、第二、第三と上座から順番に座る。**コ・ホステス**含め5人程度。	客は正客、次客、三客、と上座から順番に座る。**お詰め**含め5人程度。
招待	マダムが直筆で書いたインビテーションカードを出し、テーマに沿ったコーディネートで出迎える。	亭主が巻紙に直筆で書いた案内状を出し、趣向に沿った設えや道具組で出迎える。
内容	サンドイッチ・スコーン・ペイストリーを軸としたティーフーズと、ペアリングされた数種類の紅茶というフルコースの構成で、3時間ほど共に愉しむセレモニー。	懐石・主菓子・濃茶・干菓子・薄茶というフルコースの構成で、4時間ほど共に愉しむ儀式。

マダムや亭主を助け、
円滑な進行をはかる重要な役割のことにゃ。

茶室という空間に少人数が集まり、3、4時間飲食を共にするという体験は、距離も近くなり、密度の濃いコミュニケーションが生まれます。

一杯のお茶を単に物質として捉えるのではなく、その背景にある精神性というものにまで目を向けたという意味で、どちらも国を代表する伝統文化という存在になったのではないでしょうか。

17世紀、ヨーロッパ中にお茶ブームが席巻した中で、オランダ人やフランス人は「お茶の飲み物としての効能」に惹かれていましたが、**英国の王侯貴族たちは、日本の茶の湯の精神である「もてなしの心」という側面にも興味を抱いたのです。**

日本の茶道がヨーロッパに伝播した背景には、桃山文化が花開き「茶の湯」が黄金時代を迎えた中、来日したキリスト教の宣教師や通訳たちの存在がありました。

彼らはまず、「中国の茶」と「日本の茶」の存在意義の違いに気づきました。

日本では大名や武士、商人たちが、茶の湯に莫大な私財を注ぎ込む様子に驚き、そこには大きな理由があるに違いないと探りはじめたのです。

なかでも、**ポルトガルからやってきたイエズス会のジョアン・ロドリゲスは、日本

の「茶の湯の文化」に感動し、生涯をかけて本質を探究しました。

なぜ、狭い躙《にじ》り口から身体を伏して入るのか、なぜ、身分の違う者同士が一碗の茶を分かち合うのか、豊臣秀吉や徳川家康、数寄大名、堺の商人などと接し、理解を深めていったのです。

そして、**「西洋人の目から見た日本の茶の湯」**をヨーロッパに伝えました。

・戦国時代にあって、躙り口とは日常と非日常の境界である。小さな入口を抜けるためには、甲冑《かっちゅう》も刀も捨てなければならない。
・頭を垂れ入った茶室の空間は、主従関係を離れた対等な立場である。
・たった一服のお茶のために、亭主は客を敬い、空間を設え、趣向を凝らして道具を組み合わせ、細部にまで心を尽くす。
・地位や身分も超えてお互いを尊重し合い、「一期一会」の精神で主客ともに心を通い合わせる。

そんな、日本流のもてなしの心を凝縮したものが茶の湯の文化であることを、緻密に書物に記したのです。

その神秘的な茶の精神に大きなカルチャーショックを受けたのが、日本と同じ島国である英国貴族たちでした。

中世の時代、イタリアやフランスではカトラリーを使って食事をする習慣がだんだんと根づいていきますが、英国ではまだ手づかみで食事をすることが主流でした。

洗練された食卓や作法というものを知り、日本のもてなしの文化に感銘を受けた貴族たちは、お茶の精神をコミュニケーションの手段として取り入れ、英国流のホスピタリティを模索しはじめたのです。

それがやがて、英国独自のアフタヌーンティーの文化へと育まれていきます。

アフタヌーンティーを知ることは、源流である日本の茶道を知ることにもつながります。遥か昔、すでに日本人と英国人の精神は一碗の中で交錯していた。そう考えると何だか身近に感じませんか？

ビジネスパーソンとしての品格を上げる礼儀作法

マナーを重んじる英国には「礼法は人を仕上げる」という言葉があります。

どんなに深く学問を追求したとしても、人として礼節が身についていなければ、社会に出てから評価を得ることはできないとされ、教養のひとつとして学校でもマナーを学びます。

日本でも茶道を授業に取り入れる学校がありますが、英国では実際の学校生活の中にティータイムがあり、社交として礼法や秩序を身につけていくので、より実践的といえます。

階級社会のイギリスでは、良くも悪くも階級探知機のようなものが備わっていて、初対面のかたにお会いすると、無意識のうちにビビッと作動してしまうといいます。

ここまでお伝えしてきたように、マナーはその人が育ったバックグラウンドや知的センスを表す階級指標とされているのです。

マナーに関して付け加えると、日本の茶道には流派があり、作法や所作が少しずつ異なるように、ティーマナーにも階級や地域によって違いがあります。

ルールのようにこれをしてはいけないという決まりでもないため、正解や不正解もありません。だからこそ、品性が問われるものです。

英国紳士の総仕上げ

イギリスの伝統あるエリート養成校パブリックスクールや、名門大学のオックスフォードやケンブリッジでも、フォーマルディナーの時間を通して、学生時代から品格あるテーブルマナーを習得しています。

茶道もそうですが、正式な作法の心得がなくてもお茶を嗜むことはできます。

ただ、知らないというだけで、周りに不快感を与えてしまったり、間違っていたらという不安な気持ちが所作に表れてしまうこともあります。

どのようなシチュエーションにおいても、堂々と振る舞うことができる礼儀作法を身につけることで、自信がうまれます。

何ごとにも動じない心と凛とした所作は、自然と人に信頼感を与えます。

マナーはホスピタリティ。思いやりの気持ちを形に表したものです。

同じテーブルを囲む人への配慮を忘れず、心地よい時間と空間を共有したいという気持ちがあれば、必ず相手にも伝わり、それがマナーへとつながります。

品格あるマナーを磨き続けることでチャンスを掴み、仕事でもプライベートでも、実りある人生を切り拓いてください。

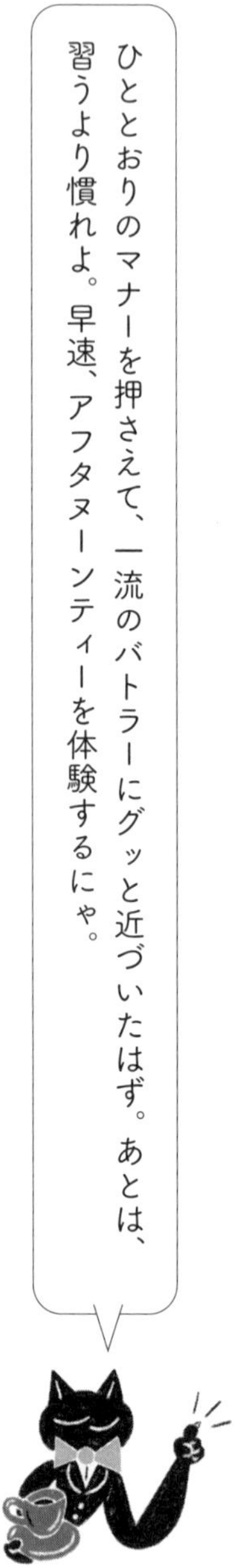
ひととおりのマナーを押さえて、一流のバトラーにグッと近づいたはず。あとは、習うより慣れよ。早速、アフタヌーンティーを体験するにゃ。

Final Chapter

バトラー猫からのプレゼント

――アフタヌーンティーを愉しむために知っておいてほしいこと

もしもラウンジミーティングに誘われたら？

おっと！　アフタヌーンティーパーティーに出掛ける前に伝え忘れたことがあるにゃ。その恰好で大丈夫かにゃ？　アフタヌーンティーを10倍愉しむための最後の仕上げとして「見た目」について解説するにゃ。

世界的なパンデミックの影響は、ビジネスシーンにも大きな変化をもたらしました。たとえば、接待文化。**日本では、接待＝夜の会食というイメージがありましたが、それはグローバルスタンダードではありません。**ビジネスとプライベートをはっきりと区別する意味でも、仕事上の会食や商談は就業時間内に行うのが、一般的なスタイルとされています。

アメリカではビジネスランチが人気ですが、**イギリスではティータイムやアフタヌーンティーへの誘いもあります。**

ランチとディナーの合間の午後の時間帯に、アルコールなしで会合ができることから、立食のティーパーティーから着席の落ち着いたお茶会まで、様々なスタイルが用いられ、新商品の発表会、展示会、異業種交流やヘッドハンティングの場にもなっています。

最近では、日本式の接待も、夜型から昼型への移行が進んでいます。特に、ビジネスエリートたちが好んで選ぶ場所がホテルのラウンジです。

ビジネスパートナーとの初めての顔合わせで、「お茶でもご一緒しませんか？」と言われ、オフィスのミーティングスペースでもビル内の喫茶店でもなく、高級ホテルのラウンジを指定されたら、どのように感じますか？

一流のサービスや空気感に加え、感染対策への安心感、ゆったりとしたソーシャルディスタンス、何よりもビジネスパートナーとして大切にされているというホスピタリティや、紅茶一杯の値段を上回る付加価値をイメージできるのではないでしょうか。

それと同時に、オフィスへ出向く際とは違った緊張感も出てくるかもしれません。

昼間の会合・打ち合わせが増加中

アフタヌーンティー取材の際にホテルのかたにお話をうかがうと、それまで夜にいらしていたエグゼクティブ層が、昼間の時間帯に会合や打ち合わせをしたり、会議室の代わりにホテルの個室でミーティングをする傾向が顕著に見られるそうです。

一流ホテルには、その空間に則した服装や立ち居振る舞いというものがあります。洗練された身だしなみ、エントランスでの対応、テーブルでの姿勢、紅茶の飲み方、一連の所作や作法から、あなたがビジネスパートナーに相応しい人間力を備えているかどうかを見極めているのかもしれません。

日本企業はグローバル化が進んでいますが、教養としてマナーを学ぶ機会が少なく、せっかくのビジネスチャンスを逃してしまうリスクがあることも事実です。

それは、とてももったいないこと。

いつの時代でも、ビジネスの基本は信頼関係を築くことです。

見た目のマナーを心得ることで、自分の振る舞いに自信が持てるようになります。

それは同時にビジネスのスキルアップにつながり、まわりからの評価も自然と上がっていきます。あなた自身を輝かせる財産と捉えていただければと思います。

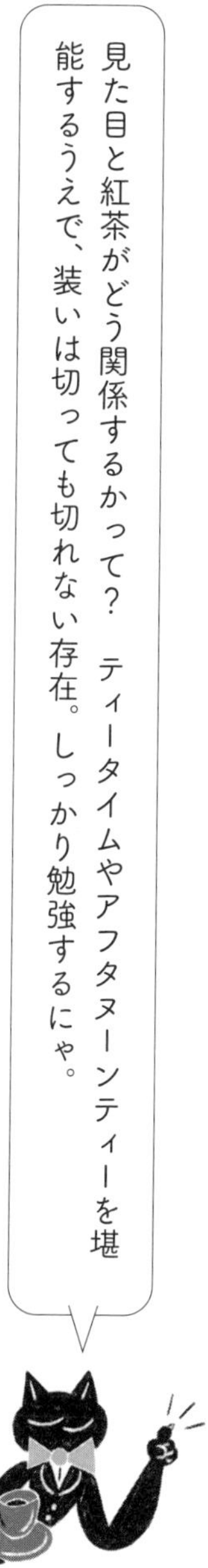
見た目と紅茶がどう関係するかって？　ティータイムやアフタヌーンティーを堪能するうえで、装いは切っても切れない存在。しっかり勉強するにゃ。

フォーマルウエアは必須ではない

ビジネスエリートは「自分の価値を高める武器」をいくつも備えています。

そのひとつが第一印象です。

初対面の印象はわずか3秒で決まり、一番の判断材料となるものが視覚からの情報といわれています。つまり、見た目の印象はビジネス成功への第一関門といえるのではないでしょうか。

最初に受けるイメージは、その後の評価に大きな影響を及ぼすもの。それと同時にコントロールできるものでもあります。

成功するエグゼクティブたちは、その重要性を認識しています。

「自分がどう見られているか」、そして「どう見られたいか」を徹底的に分析し、ときにはプロのコンサルタントの力も借りて、自分の強みを一瞬で相手に伝えるスキルを身につけています。


特に、「装い」には良くも悪くも人間性が表れるもの。

その昔、東インド会社のブローカーたちも、まずは身なりを整えることからはじめたといいます。なぜなら、**服装は「相手への敬意」を示すものであって、ホスピタリティのひとつと考えられていたからです。**

服装からリスペクトの想いを伝えることによって、ビジネスパートナーとして認められ、相手からも敬意を持って接してもらえるようになります。

いつの時代も、「見た目の印象が大切」ということには変わりないようです。


国際マナーには、「**ドレスコード**」と呼ばれる服装規定が存在します。

アフタヌーンティーの場合、どのようなドレスコードがあるのでしょうか？

フォーマルな場合、男性は昼間の礼服であるモーニング、女性はアフタヌーンドレスになりますが、**そこまでの正装は英国王室や大使館のティーパーティーに招かれでもしないかぎり、お披露目する機会はありません。**

格式高いホテルでは、ドレスコードを設けているところもありますが、**21世紀の現在、紳士・淑女の国といわれるイギリスでも厳しい規定は設けない「インフォーマル」が増えています。**

男女共に通常のビジネススーツでも、TPOに応じて「調和」が保たれていれば大丈夫、全く問題はありません。

インフォーマルには、「各自の判断のもと、適切な服装を選んでください」というメッセージも含まれています。だからこそ、知性が漂う大人の装いをして調和をはかることが「身の嗜み」つまり身だしなみにつながります。

BreakTime

ビジネススーツの発祥を探る

スーツの発祥は、ヴィクトリア時代の英国。19世紀の中頃まで、貴族の男性がフォーマルな場で身につけるのは、テールコート（燕尾服）やモーニングコートという装いでした。一方、ラウンジでくつろいだり、スポーツをするカジュアルなシーンでは、重苦しいテールを短くカットしたラウンジジャケットを着用していました。

軽く着心地が良い上着は紳士たちの間で人気となり、お揃いの生地でスラックスを作るようになり、それが「ラウンジスーツ」と呼ばれビジネスマンの間にも広まっていったのです。日本に入ってきたのは文明開化の頃で、「背広」と名付けられました。

語源はロンドンにある紳士服の名門テーラーが立ち並ぶ通りの名称「サヴィルロウ」（セビロー）から来ているというユニークな説もあります。

ファッションチェック

Man

ネクタイ

ネクタイに規定はありませんが、選ぶ色や柄によって印象が変わるアイテムです。ストライプ柄のレジメンタルタイをセレクトする際にはご注意を。

洋服

男性は伝統的にジャケットとタイの着用が望ましいとされますので、ダークスーツがスマートです。

シューズ

靴には人格が表れます。お出掛け前にしっかり磨いておきます。

ネクタイのストライプに注意！

レジメンタル柄の発祥は16世紀の英国陸軍で、所属する連隊軍旗と同柄のタイを身につけることで忠誠を表していました。その名残で、現在もレジメンタルによって出身大学や所属組織を表すアイデンティティにもなっています。

ちなみに、英国式は正面から見てストライプが右上がり、米国式はストライプが右下がりになります。

これで君もバトラーだ！ お出掛け前の

Woman

アクセサリー

シンプルで落ち着いたオフィススーツの場合には、スカーフやアクセサリーなどの小物遣いで、TPOにあわせた演出を。

洋服

女性はアフタヌーンドレスに準じて、肌の露出は控え、清潔感のあるスーツやワンピースなど、シックな装いを心がけます。

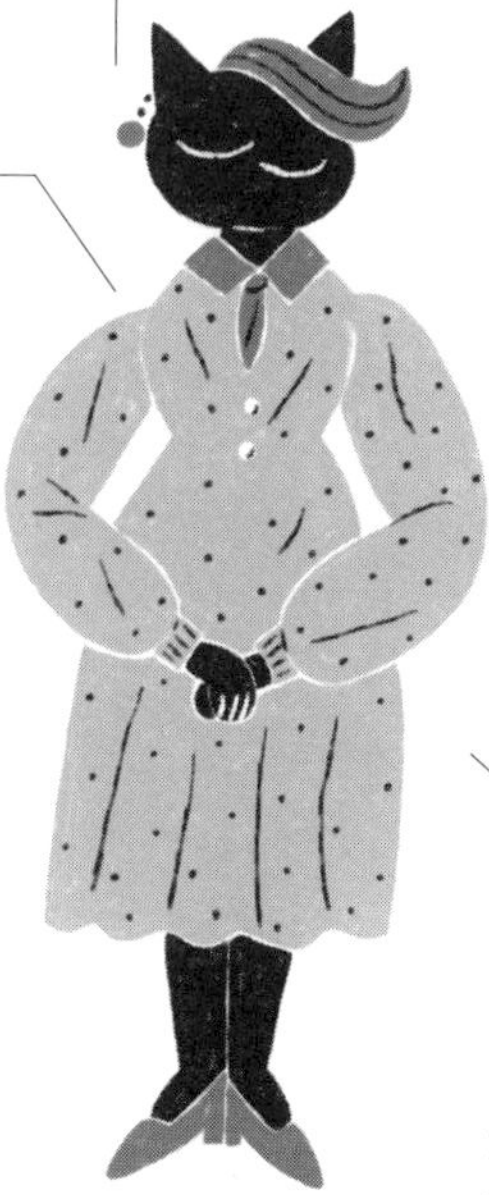

香水

紅茶は繊細な香りを愉しむ飲みものですので、香水は控えるのがマナー。

自分では気づきにくい整髪料や柔軟剤などの香料も、人によっては苦痛に感じるかたもいらっしゃるので、周囲への配慮を忘れずに。

シューズ

フォーマルな場ではサンダルやブーツなどは避け、薄手のストッキングとヒールのあるパンプスを合わせるとエレガント。

身だしなみの仕上げは靴と小物

男性も女性も、装いの品格を左右するのが「足もと」です。

会社へ行くとき、出張へ行くとき、日々自分を支えてくれるハードワーカーの靴は、いわばビジネスパートナー。どのような靴を選び、いかに手入れをし、コーディネートをするのか、そこにも人間性が表れるもの。家の中でも靴を履いたまま過ごす土足文化の国では、特に靴に対する意識が高い傾向がみられます。

エグゼクティブになればなるほど、靴へのこだわりも超一流。

古いものを大切に扱うイギリスでは、「靴は育てるもの」と考えられています。

上質な本革の靴を選び、愛着ある道具を使い、感謝の気持ちを持って毎日手入れをします。靴を磨くことで、自分の心も磨いているかのようです。

靴のためにも、そしてエチケットのためにも、木製シューキーパーで形を整えたあとは、2日間ほど休ませながらローテーションしていきます。

足もとはやっぱり見られる

ホテルのドアマンがゲストを見極める際、まず靴をチェックするというのは有名な話ですが、実際にヨーロッパの最高級ホテルでは、カジュアルな靴のゲストはドアを開けてもらえず、やんわりとお断りされることもあります。

こうして大切に育てた靴は柔らかく足に馴染み、古艶が出てきます。使い込むうちにできる皺も風合いのひとつ、まるで人間の在り方を表しているかのようです。

靴はドレスコードの仕上げと心がけてみてください。


パーフェクトな装いをしても思わぬ落とし穴になるのが、**鞄や傘などの小物**です。どんなに完璧なコーディネートでも、使い捨てのビニール傘や何度も使いまわした社名入りの紙袋を手にしていたら、画竜点睛《がりょうてんせい》を欠くことになりかねません。

最近は雨の日でなくても、紫外線防止のために日傘を持ち歩くかたが増えています。傘を大切に扱う人は、開き方、持ち歩く姿、巻き方からも気品が感じられます。

アフタヌーンティーが流行した19世紀、上流階級の貴婦人がたは、必ずパラソルを身につけていました。日傘はファッションでもあると同時に階級指標でもあったのです。


エリザベス女王も、ガーデンティーパーティーの際には、ドレスと一緒に靴と傘まで、エレガントにトータルコーディネートをされていらっしゃいました。

小物にまで気を配るのが、一流といわれるビジネスパーソンの嗜み。

スパイスを上手く利かせながら、気品漂う装いでお出掛けください。

著者コレクション紹介!

特選7つ道具

1 ケトル

紅茶の美味しさの
決め手はお湯にあり。
愛用品は英国製の銅製ケトル。

2 ティーポット

ジャンピングを促すために
丸みを帯びた洋ナシ型の
ポットが理想的。

3 ティーカップ

紅茶とコーヒーでは
カップの形状が異なります。
兼用は避けたいところ。

4 ティーコージー＆マット

脇役と思われがちですが
実はマストアイテム。

5 ティーストレーナー

茶こしは気分やシーンに
あわせてセレクト。

6 ティーメジャースプーン

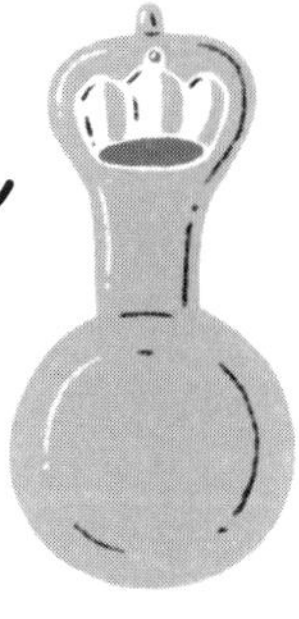

ひとつは用意しておきたい
茶葉を計量する専用スプーン。

7 砂時計

時を刻む砂を眺めるひとときは
心癒やされます。

Epilogue

ここまで、長いお茶旅をご一緒いただきまして、ありがとうございました。

その昔、イギリス上流階級の人々は、学問の総仕上げとして「グランドツアー」という長旅へ出かけました。別名、貴族の修学旅行。本書を執筆していくうちに、何か21世紀のグランドツアーとして、ティーロードを巡っているような気分になりました。

「紅茶の世界をよく知らない人にも、魅力を感じてもらいたい……」

旅のはじまりは、そんな小さな想いがきっかけでした。

これまで私は専門家として20年以上、教養サロンでのレッスンを軸とし、書籍やメディアを通じて、暮らしを愉しむアートとしての紅茶をお伝えしてきました。

さらに茶の輪を広めるために、今までとは異なる「ビジネス」という視点から、紅茶のルーツである茶を掘り下げてみることにしたのです。

結果的に、私自身が紅茶の奥深さを再認識することになりました。紅茶を知ることは茶を知ること、ひいては世界を知ることなのだと、あらためて実感させられたのです。

5000年の歴史を持つ茶史は、昔から語り継がれる伝説にはじまり、数あるエピソードは必ずしも史実に基づくものとは限りません。諸説の裏に真実が隠されていることもあります。疑問に感じたことや、深く知りたいと思ったことは、様々な角度から知識をインプットしてみてください。そして教養と知性を磨き、アウトプットし、仕事と人生に活かしていただけたら幸いです。

最後に、本書の出版にお力添えくださったPHP研究所の大隅元《げん》編集長、編集チームの方々、ソニー時代にお世話になりました上司や同僚、紅茶教室を支えてくださっているみなさま、そしてこの本を通じて出逢ったあなたへ、心からの感謝の気持ちをお伝えし、結びの言葉といたします。

一杯のお茶を通じて、一人でも多くのかたに笑顔と幸せな時間が届きますように。

"Peace and happiness through a cup of tea !"

藤枝　理子

ようやくゴールまで辿りついたにゃ。
ばっちりクールなバトラーに成長したようだにゃ。
今度は、どこかの国のアフタヌーンティーで
お会いしようにゃ〜。

参考文献

・Gascoyne, Kevin and others, *Tea: History Terroirs Varieties.*
・Heiss, Mary L., and Robert J. Heiss, *The Story of Tea: A Cultural History and Drinking Guide.*
・Huxley, Gervas, *Talking of Tea: Here is the whole fascinating story of tea.*
・Pettigrew, Jane, *Jane Pettigrew's World of Tea: discovering producing regions and their teas.*
・Pettigrew, Jane and Bruce Richardson, *A Social History of Tea: Tea's Influence on Commerce, Culture & Community.*
・Stella, Alain and other, *The Book of Tea.*
・Ukers, William H., *All About Tea.*
・Ukers, William, *The Romance of Tea: Tea & Tea Drinking Through Sixteen Hundred Years.*

・荒木安正『紅茶の世界』（柴田書店）
・今井けい『イギリス女性運動史――フェミニズムと女性労働運動の結合』（日本経済評論社）
・ウォルター・アイザックソン『スティーブ・ジョブズ Ⅰ&Ⅱ』井口 耕二訳（講談社）
・大森正司『おいしい「お茶」の教科書――日本茶・中国茶・紅茶・健康茶・ハーブティー』（ＰＨＰ研究所）
・岡倉天心『茶の本』桶谷秀昭訳（講談社学術文庫）
・小池滋、アンディ・キート他『紅茶の楽しみ方』（新潮社）
・サラ・ローズ『紅茶スパイ――英国人プラントハンター　中国をゆく』築地誠子訳（原書房）
・ジューン・パーヴィス『ヴィクトリア時代の女性と教育――社会階級とジェンダー』香川せつ子訳（ミネルヴ

ァ書房）
・谷口全平、徳田樹彦『松下幸之助――茶人・哲学者として』（宮帯出版社）
・角山栄『茶の世界史――緑茶の文化と紅茶の社会』（中公新書）
・出口保夫『英国紅茶の話』（東書選書）
・ティーピッグズ、ルイーズ・チードル他『世界の茶文化図鑑――The Book of Tea』（原書房）
・春山行夫『紅茶の文化史』（平凡社）
・ビアトリス・ホーネガー『茶の世界史――中国の霊薬から世界の飲み物へ』平田紀之訳（白水社）
・藤枝理子『英国式5つのティータイムの愉しみ方』（清流出版）
・藤枝理子『英国式アフタヌーンティーの世界――国内のティープレイスを訪ねて探る、淑女紳士の優雅な習慣』
（誠文堂新光社）
・ヘレン・サベリ『世界のティータイムの歴史』村山美雪訳（原書房）

藤枝理子
Rico Fujieda

ティースペシャリスト
英国紅茶＆アフタヌーンティー研究家
大学卒業後ソニー株式会社に勤務。会社員時代のお給料と休みはすべて、日本全国、そして海外の茶博物館・陶磁器美術館・ティーロード探検にあてる。紅茶をライフワークにしたいと一大決心をして仕事を辞め、イギリスに紅茶留学。本物の英国文化としての紅茶を、一般家庭の暮らしから学ぶ。同時に、ヨーロッパ各国の生活芸術を研究。帰国後、東京初となる自宅開放型の紅茶教室「エルミタージュ」を主宰。英国スタイルで紅茶の歴史・文化・マナーをトータルに学べる新しいトレンド「大人の教養サロン」と注目を集める。サロンには20年間で2000人以上の生徒が訪れ、常にウェイティングが続く。
2006年に初の著書『サロンマダムになりませんか？』を出版。起業スタイルがメディアで話題となり、サロネーゼ・サロンマダムブームの火付け役となる。現在、テレビ・雑誌をはじめ、企業・大学での講演やコンサルタントとしても活躍。著書に『もしも、エリザベス女王のお茶会に招かれたら？』（清流出版）、『プリンセスになれる午後3時の紅茶レッスン』（メディアファクトリー）、『予約のとれないサロンのつくりかた・育てかた』（辰巳出版）、『英国式アフタヌーンティーの世界』（誠文堂新光社）など多数。

仕事と人生に効く
教養としての
紅茶

2022年10月10日　第1版第1刷発行
2023年4月3日　第1版第3刷発行

著者　藤枝理子
発行者　永田貴之
発行所　株式会社PHP研究所
東京本部　〒135-8137　江東区豊洲5-6-52
ビジネス・教養出版部　TEL 03-3520-9619（編集）
普及部　TEL 03-3520-9630（販売）
京都本部　〒601-8411　京都市南区西九条北ノ内町11
PHP INTERFACE　https://www.php.co.jp/
イラストレーション　小泉由美
ブックデザイン　新井大輔・中島里夏
編集　大隅 元
印刷所 製本所　大日本印刷株式会社

ISBN 978-4-569-85295-9